BIBLIOTECA DE DERECHO PROCESAL

Marco de Cristofaro

(Director)

Carlos Antonio Agurto Gonzáles

Sonia Lidia Quequejana Mamani

Manuel Enrique Valverde Gonzáles

(Coordinadores Generales)

Bernard Botein
Juez de la Corte Suprema del Estado de Nueva York

El Juez de Primera Instancia
Memorias de un Juez

Prólogo y traducción de
Ángel Llamas Pérez

Edición al cuidado de
Carlos Antonio Agurto Gonzáles
Sonia Lidia Quequejana Mamani
Benigno Choque Cuenca

Ediciones Olejnik

EL JUEZ DE PRIMERA INSTANCIA. MEMORIAS DE UN JUEZ

Huérfanos 611, Santiago - Chile
E-mail: contacto@edicionesolejnik.com
Web site: http://www.edicionesolejnik.com

Primera edición: 2018

ISBN: 978-956-392-101-4

Diseño de Carátula: Ena Zuñiga
Diagramación: Luis A. Sierra Cárdenas

Impreso en Argentina 2018 Printed in Argentina

ÍNDICE

JUICIOS CRÍTICOS

«Un libro muy útil. Para el gran número de personas que consideran la sede de los Tribunales como un templo secreto en el que se representan misteriosos ritos, este libro ha de constituir una revelación. Para aquellos otros, en menor número, que tienen algún contacto con los Tribunales, empero saben poco de su actuación, el libro del juez Botein resultará altamente instructivo. Unos y otros conseguirán desterrar su pesimismo, refrescar sus ideas y robustecer su optimismo y su fe en la fuerza de la democracia.»

S. H. Rifkind, «Columbia Law Review»

«Muchos abogados gastan parte de su tiempo tratando de penetrar en la conciencia del juez. Los profanos en derecho dedican menos atención al particular, pero repetidamente advierten cuán importante en sus vidas son aquellos seres humanos que llamamos jueces... El juez Botein ha dado su respuesta a este problema, con mucha habilidad, diciéndonos lo que el juez Botein piensa del juez Botein. Celoso y concienzudo jurista, se ha tomado la molestia de presentar el cuadro en un libro, que es ante todo subjetivo, sin que por ello pierda la perspectiva y la proporción, que de ordinario aparecen asociadas con la objetibidad.»

Rudolph Halley. «New York Herald Tribune»

«El autor escribe fluidamente y con humor, citando casos y ejemplos, la mayor parte vividos por él. Se trata de un libro instructivo y digno de leerse.»«New Yorker»

«Un delicioso libro, digno de ser leído. Estimo que posee además un alto valor desde el punto de vista espiritual y moral. Empezada su lectura con la idea de que lo encontraría pesado, me hallé gratamente sorprendida al comprobar que me resultaba difícil dejarla ni un momento.»

Eleanor Roosevelt

«Altamente ameno. El juez Botein matiza su narración con deleitables episodios y extractos de pruebas practicadas en su Sala... Uno no puede por menos que admirar la sensibilidad y el celo del juez... Escribe con el sencillo valor de quien ha aprendido a vivir lleno de dudas.»

«New York Times Book Review»

«Intensamente emocionante. Es uno de los más amenos libros que he leído en mucho tiempo. Está confeccionado con excitante material... El juez Botein es un gran juez, y su historia es un noble tributo a la ley.»

John Haynes Holmes

«Se trata de una seria contribución a la literatura de los Tribunales. Tiene el valor de un ponderado tratado legal y la fascinación de una novela. Escrito con gran sencillez, ha logrado, no obstante, un encantador estilo. Pudiera muy bien llamarse, este libro, la educación del juez.»

Lloyd Paul Stryker

PRÓLOGO

Entre el régimen del derecho norteamericano, que constituye el entresijo del libro del juez Botein y el derecho español, si bien hay de común que ambos están informados por el concepto inmanente de la justicia, existe en cambio un abismo, en cuanto a su estructura, forma y contenido. Esto explica la dificultad que entraña la traducción de estas Memorias, al tener que, expresar en nuestra lengua, haciéndolos comprensibles al lector, unas figuras jurídicas, unas instituciones y unos procedimientos, en absoluto desconocidos en nuestro derecho

Y a esta diferencia de estructura, de instituciones y de enjuiciamiento corresponde, ni que decir tiene, una terminología diferente, hasta el punto de que incluso vocablos cuya grafía y fonética son parecidos en ambos idiomas, no sólo aluden a conceptos disímbolos, cuando a la disciplina del derecho se refieren, sino totalmente diversos. Sirva de ejemplo la palabra exception (excepción, en español), que, entre nosotros significa un medio de defensa del demandado, o como dice el Diccionario de la Academia, «un título o motivo jurídico que el demandado alega para hacer ineficaz la acción del actor, como el pago de la deuda, la prescripción del dominio, etc.». En el derecho angloamericano, en cambio, se emplea para designar la irregularidad que se comete en el procedimiento, y que, impugnado a tiempo por el perjudicado, constituye después fundamento del recurso de apelación.

Para obviar tamaño inconveniente, se adoptará en la traducción, hasta donde técnicamente sea aconsejable, el argot de nuestro derecho patrio, respetando, no obstante, escrupulosamente el espíritu y el orden de exposición del autor, y lo que es más, haciendo incluso una traslación literal del resto del relato, en tanto en cuanto las reglas del buen decir lo permitan.

Ello, unido a la sencillez y amenidad con que el autor consigue vulgarizar la actuación de los Tribunales de los Estados Unidos, haciendo asequible, incluso para los no iniciados en la disciplina jurídica, algunas de las instituciones peculiares del derecho anglosajón, cuales el common law, la equity, las conferencias para judiciales, las mociones, etc., etc., hará posible que el lector, no obstante los inconvenientes arriba apuntados, pueda saborear las bellas páginas de este libro, que en frase feliz de Lloyd Paul Stryken «añade al valor de un ponderado tratado legal, la fascinación de una novela».

En la esperanza de que así sea, pone el libro en tus manos.

EL TRADUCTOR

I.
INTRODUCCIÓN

Existe una moderna versión de la definición dada por el Lord Canciller Lyndhurst de un buen juez: «Ante todo debe ser honesto. En segundo lugar, ha de poseer una razonable dosis de habilidad. A ello ha de unir valor y ser un caballero. Si añade alguna noción del derecho, le será muy útil».

Como abogado en ejercicio, no pude por menos de celebrar la agudeza de tal ironía, sin menospreciar su indiscutible fondo de verdad..., sobre todo desde aquella tarde, hace diez años, cuando al regresar a mi bufete, tras una larga conferencia sobre impuestos, me dijo el empleado de la Centralilla telefónica: —El Gobernador Lehman ha preguntado por usted, desde Albany.

Pocos minutos más tarde, el Gobernador estaba al aparato. Cambiamos algunas amables frases de saludo, y él dijo:

—Imagino que usted, Bernie, estará enterado de que he apoyado el nombramiento del sucesor del juez Church.

De todos los profesionales era conocido que se había producido una vacante en la Corte Suprema por la dimisión del juez Church. Naturalmente, yo sentía curiosidad por conocer el nombre del agraciado mortal que ocuparía tal vacante.

El Gobernador continuó diciendo:

—He pensado mucho acerca del candidato. Hay sobre mi mesa una carta dirigida a la Asociación de Abogados, proponiendo el nombre de usted para tal cargo. ¿Puedo enviarla?

Confusamente balbuceé mi aceptación y mi gratitud. De igual modo comuniqué la nueva a mis compañeros de despacho.

Fred estrechó mi mano, diciendo:

— ¡Es formidable!

—Yo pienso, en cambio — dijo Joe,— que eres un loco aceptando el nombramiento. ¡Cuánto no ganas más aquí!

Fred se indignó ante tal observación.

—No puedes valorar tal cargo por el dinero que reporte —le dijo —. Piensa en la completa independencia del juez. La judicatura no es precisamente un negocio, es una nueva forma de vida.

Creo que Fred estaba en lo cierto. Habría poquísimos abogados que no estuvieran dispuestos a despreciar cualesquiera posibles remuneraciones de orden económico ante algo parecido. Tal vez influyera en ello la fantasía: de igual modo que el niño sueña en que un día llegará a ser jugador de football de primera división. Por mil caminos diferentes trataron otros de escalar esta cumbre...

Al conocer que había sido propuesto, sin tan siquiera el padrinazgo de mi propio partido, me embargó tal sensación de irrealidad, cual si mis compañeros y yo estuviéramos aludiendo a otra persona.

—Mr. Marren Moscow, del New York Times— dijo mi secretario.

—Ponle —ordené. Se trataba de un conocidísimo y astuto reportero político.

—Felicitaciones, juez —dijo Moscow—. ¿Qué sensación se experimenta al ser alcanzado por un rayo?

—¿Qué quiere usted decir? —le pregunté, siguiendo la prudente táctica de los funcionarios públicos, consistente en no darse por enterados de nada, hasta que oficialmente haya sido anunciado.

—Acabo de oír —dijo él— que el Gobernador propone a usted para la Corte Suprema. Por lo visto no se inclina por el candidato del partido. Los políticos tienen una frase para designar esto, juez. Usted ha sido idealizado por un rayo.

Yo conocía a Moscow bastante bien, para confirmarle la noticia, aun antes de su publicación, y tras hacerlo así colgué, el teléfono.

Volvió éste a sonar. Esta vez era Alfred A. Cook, presidente del temible Comité judicial de la Asociación de Abogados, que habría de informar al Gobernador. Cook era un viejo amigo mío, aun cuando nadie lo diría por el seco y afectado tono con que me habló.

—El Secretario del Gobernador acaba de llamar —dijo—. Desearíamos reunimos con usted en mi despacho pasado mañana a las 10.30. Entre tanto le agradeceré que me envíe lo más pronto posible un esquema biográfico, indicando su experiencia profesional, juicios, apelaciones y demás en que haya actuado, y copia de algunos escritos hechos por usted.

Colgué. La realidad me había vuelto amargamente a un frío mundo de comparativos valores profesionales.

— ¡Quieto todo! —dije a mis socios—. ¡Puede que el rayo no llegue a herirme!

Procuré pasar aquellos dos días como pude. Por fin llegó el señalado para mi entrevista.

Cuando entré en la estancia, había allí reunidos unos diez miembros del Comité,

Cook, como presidente, me presentó:

— Caballeros, nuestro nuevo juez —y dirigiéndose a mí, continuó diciendo—: Ha sido usted aprobado por unanimidad hace escasamente diez minutos.

Más tarde, comiendo con Cook, en el amistoso ambiente de un Club, de la parte baja de la ciudad, le dije:

—Si me promete usted como caballero y como abogado, no revocar la aprobación del Comité, le hago una confidencia.

El presidente sonrió:

—Continúe. Pienso de qué se trata.

—¿Cómo el Comité ha llegado a aprobar a un abogado de tan irregular y escasa experiencia tras una superficial información?

—No tan superficial del todo —dijo Cook—. En realidad de verdad, todos nosotros conocemos a usted desde hace años. Creemos tener de usted el debido concepto. Y más importante aún que su preparación técnica, son las buenas cualidades que en usted apreciamos.

Y fue entonces cuando oí por vez primera la definición del «buen juez», que encabeza este capítulo.

— Ni que decir tiene —continuó diciendo el presidente— que esperamos y exigimos competencia profesional, independencia, integridad y entereza. Esperamos también que un juez guarde la debida consideración a los sentimientos y a los derechos de los demás. Que nadie, ni aun siquiera el litigante derrotado, o su letrado, abandone la Sala, humillado en su moral y en su dignidad, o creyéndose víctima de un atropello. Cuando regrese a su hogar por la noche a reunirse con su esposa, con sus hijos, con sus amigos y parientes, que él abandone el Juzgado con la satisfacción de no haber mancillado en lo más mínimo su propia estimación y dignidad. —Sonrió y tras una breve pausa siguió diciendo—: No esperamos milagros, pero yo tengo confianza en que usted justificará nuestra fe.

Dos días más tarde, un juez recientemente nombrado, hacía su primera visita a la Corte Suprema.

Tímidamente entré en el despacho del actuario principal y pregunté por Mr. Murphy a uno de los empleados.

Murphy me informó que mis dependencias estaban listas para ser ocupadas. Me condujo al ascensor privado para jueces, que lleva al sexto piso. Su misma existencia era una revelación para mí. Antes subía yo en los ascensores públicos, abarrotados siempre de gente.

Abandonamos el ascensor, y anduvimos corredor adelante.

Había conseguido entrar en el «sancta sanctorum», que siempre había yo considerado infranqueable. Transcurrieron varias semanas antes de acomodarme a este nuevo ambiente. Antes, yo me dirigía a las Salas por corredores y zaguanes en los que la multitud se apretujaba. Ahora un alguacil me precedía con toda pompa a través de pasillos excusados, para substraerme a la curiosidad del público. Hasta entonces había esperado impaciente en las Salas la aparición del juez, levantándome a su entrada. Ahora la escena había cambiado. Innumerables atenciones me serían dispensadas cada día, embarazosas y pesadas al principio, pero aceptadas con agrado a medida que el tiempo transcurría.

Mientras Murphy y yo caminábamos a lo largo del corredor, leía los nombres de mis colegas sobre las puertas que conducían a sus departamentos: Jueces Wasservogel, Pecora, Rosenman, McGeehan, Collins, etcétera; demasiado aparato para un juez neófito, que se había dedicado por muchos años a la abogacía en aquel mismo distrito.

Y, de pronto... Aquí estaba. Una puerta. Sobre ella una tarjeta recién impresa, que rezaba: Mr. Juez Botein. Me detuve..., y sintiéndome como anonadado penetré en mi departamento.

Yo era juez, un juez real, con mi propio departamento... y aún no se me había ocurrido planear cómo conducirme en aquel extraño ambiente. Había sido un incidente casual lo que me había inducido a ingresar en un Club político, de aquí a ocupar un cargo público, y éste el motivo de que el gobernador Lehman fijara su atención en mí.

Ingresé en la policía, sencillamente, porque un politicastro de segundo orden se había negado a abonar la factura a un sastre. El sastre era uno de mis primeros clientes, después de iniciar yo el ejercicio de la abogacía.

Había éste confeccionado y entregado dos trajes y un abrigo a un político local, llamado O'Ryan, que ocupaba un cargo en un determinado organismo de la ciudad. O'Ryan había hecho oídos sordos a cuantos requerimientos amistosos se le hicieron para que pagara su importe. El día señalado para la vista de este asunto, llegué a la Sala con veinte minutos de antelación, contesté prontamente al ser nombrado el actor, y salí un momento al teléfono, para llamar al cliente. El sastre tardó poco en llegar; le di algunas instrucciones acerca de su declaración y entramos en la Sala.

Había yo calculado, dado el lugar que ocupaba el caso en el registro, que se vería dentro de una hora. Pero, transcurrida ésta con exceso, sin que se nos llamara, tímidamente me acerqué al actuario encargado de los señalamientos.

Aquel hombre, nervioso, me interrumpió:

—Su caso ha sido ya llamado, y dado por desistido, por no haber contestado nadie, al ser nombrado el actor. ¿Dónde estaba usted, abogado?

—Pero si yo contesté al llamamiento general —le dije.

—Está bien. Entonces ya lo anoté yo. Pero es que se volvió a llamar por segunda vez para el juicio, y nadie contestó. En vista de ello el juez dio el caso por desistido.

—Entonces se ha procedido saltando el orden de los señalamientos. Yo no he estado fuera más de quince minutos. Vea el registro de señalamientos. Hay juicios antes que el mío, y aún no se han celebrado.

El actuario replicó colérico:

—¿Qué insinúa usted?

El juez intervino:

—¿De qué se trata?

Cuando expuse al juez lo sucedido, dijo resueltamente:

—Nada puedo yo hacer, estando ausente la parte contraria. Interponga usted una moción. El caso se ha dado por desistido. Váyase, joven, que nosotros hoy tenemos mucho trabajo.

Mi moral se derrumbó. Había perdido prácticamente el asunto, sin tan siquiera empezarse la vista. Hice una moción para que volviera a incluirse el caso en el registro de señalamientos, cuya moción sería tramitada al siguiente mes, para que otro juez pudiera ocuparse de ella. Todo se remediaría con que este segundo juez reintegrara el caso al registro.

En la fecha señalada para la defensa de la moción, expliqué otra vez lo que había sucedido. Con gran extrañeza por mi parte, el abogado contrario no impugnó los hechos, sino que se limitó sencillamente a argüir que se trataba de una falta insubsanable.

Por suerte para mí, el juez dijo:

—¿Seguramente usted no pretenderá que se prive al actor que haga al Juzgado una exposición de los hechos?

—En manera alguna, si Y. H. [1] así lo estima —contestó el abogado contrario—. Usted nos concederá por lo menos una condena en costas.

Puesto que el asunto se había dado por desistido sin intervención ni culpa alguna de mi cliente, estaba yo decidido a pagar las costas de mi propio peculio. Por ello, me contrarió tal petición, no sólo porque el pago constituiría para mi economía un duro golpe, sino también y

[1] «Your Honor». Tratamiento dado a los jueces, sin sentido alguno, al traducirse literalmente al castellano. —N. del T.

principalmente, porque yo estaba convencido, quizás erróneamente, que el darse por desistido el caso del sastre érase debido a una maniobra inconfesable del encargado del registro de señalamientos.

Pero esto no podía yo manifestárselo al juez. Ni podía decirle tampoco que el letrado contrario y su cliente eran miembros destacados del Club político local. ¿Cómo podría uno conseguir, pensaba yo, que un juez asista a la contienda, más que como un elemento meramente pasivo y estático, con propia iniciativa y actividad? ¿Qué es lo que se agita tras ese rígido semblante y en qué medida sus sentimientos influyen en sus decisiones?

Cuando el juez me preguntó si yo me oponía a la imposición de costas, contesté con prontitud, y tal vez irreflexivamente:

—El demandado, en realidad, no necesita las costas. Tiene varios empleos en la ciudad.

El juez levantó la cabeza ante tal manifestación. El letrado contrario protestó colérico:

—¿Qué tiene eso que ver con la presente moción?

—Nada, ciertamente —contestó el juez—; pero yo concederé esta moción sin costas.

Yo, en mi interior, musité: ¡Aleluya!

Por último, el caso llegó a un tercer juez, sin jurado. El sastre manifestó que al demandado se lo recomendó un viejo cliente suyo; que le encargó dos trajes y un abrigo; que le tomó las medidas, le hizo las pruebas de rigor, y que al serle entregadas tales prendas, había expresado completa satisfacción El precio convenido era ciento ochenta dólares.

—¿Qué hizo usted con tales prendas, una vez que las hubo terminado? — pregunté a mi cliente.

—Las envié a O'Ryan con un muchacho —contestó el sastre.

—Interpongo una moción, para que se desestime tal contestación —vociferó el abogado contrario—. Lo dicho por otro no obliga al demandado. Solamente el muchacho que llevó el encargo está llamado a testimoniar sobre la entrega.

—Moción concedida. Se tiene por no hecha la contestación — dijo el juez.

Me hallaba perdido. El muchacho que había llevado los trajes y el abrigo al demandado, no estaba ya al servicio del sastre, y no se me había ocurrido antes que pudiera ser preciso su testimonio. Pero, a pesar de todo, el demandado había admitido que le fue entregado el encargo; tan es así, que vestía uno de los trajes y el abrigo, cuando se presentó al sastre, en solicitud de que se le concediera un plazo para pagarle, después de haber recibido las citaciones. No obstante, tampoco había yo preparado al cliente para declarar sobre este extremo, y debido a sus dificultades de lenguaje, yo temía invadir un área prohibida, al interrogarle de nuevo, sino contaba con la benevolencia del juez.

—¿El muchacho trajo a usted el albarán firmado por el demandado? —pregunté con temor al sastre.

—Ni que decir tiene —contestó,

—Ofrezco dicho albarán como prueba, Y. H.

—Yo objeto, Y. H. —gritó el abogado del demandado—. No consta que esté firmado por mi cliente.

El juez estaba algo impaciente.

—¿Niega usted que sea ésta la firma del demandado?

—Yo no la conozco, Y. H., y mi deber para con mi cliente me impulsa a oponerme.

El juez resopló:

—¿Dónde está su cliente?, ¿no ha venido a declarar?

—No, Y. H. El... ha... ha tenido que atender otras urgentes ocupaciones, y yo no creo que su declaración sea indispensable para impugnar esta descabellada demanda.

—Ya se verá. ¿Usted continúa sosteniendo que su defendido no recibió las prendas de vestir de que se trata?

—Y. H., al actor es a quien corresponde probar que los trajes y el abrigo le fueron entregados a mi cliente. Yo no estoy facultado para hacer concesión alguna que pudiera favorecer a mi adversario.

El juez se dirigió al sastre:

—¿Después que tales prendas salieron de su tienda, usted ha visto al demandado?

—Seguramente. El vino al taller, y vestía por cierto uno de los trajes que le hice y el abrigo.

—¿Qué le dijo a usted?

—Se mostró encantado por el trabajo que le había hecho. Un poco caro, dijo. Me aseguró que su amigo (supongo se refería al parroquiano que me lo presentó) pagaría la cuenta. Yo le contesté que no quería saber nada con aquél.

—Eso es todo —dijo el juez —. Siéntese el actor.

Dirigiéndose al letrado del demandado, le preguntó:

—¿Tiene algo que decir, abogado? —No, Y. H. Yo mantengo mi moción, en solicitud de que se desestime la demanda por no haber probado el actor los hechos. El...

—Moción denegada. Juicio fallado en favor del actor por la suma de ciento ochenta dólares, con más los intereses y costas. El próximo caso.

Unos pocos días después O'Ryan entró en mi bufete. Era un irlandés macizo, de mediana edad, ojos azules y ruda complexión:

—Yo sé reconocer cuando soy derrotado —dijo, haciendo una mueca—, y por eso he venido a cumplir lo mejor posible.

Aún me hallaba resentido del abrazo que me había propinado O'Ryan, pero tuve, no obstante, que resistir el impulso de imitarle con otra mueca.

—Usted ve —continuó diciendo el político—, yo gané una apuesta y aquellos trajes se había convenido que los pagaría quien perdiera. Y he aquí que cuando se me pasó la factura, él desapareció.

—Pero de ello no tuvo culpa alguna el sastre —repliqué yo—. Incidentalmente, ¿sabe su abogado que está usted aquí?

—Sin duda alguna. Él me ordenó venir.

Después de pagarme O'Ryan toda la cantidad y de guardarse el recibo que le hice, no mostró disposición alguna de irse.

—Diga, ¿pertenece usted a algún partido político? —me preguntó.

—No.

—Está usted cometiendo una equivocación. Ningún abogado puede ir muy lejos en esta ciudad, como no cuente con relaciones políticas. Usted logra así conocer a los jueces, sus mismos clientes tienen más respeto por usted, en tanto que usted cuente con un valedero poderoso.

Me esforcé en no parecer brusco, cuando le aseguré que yo no necesitaba más apoyo que el de la ley, y además que yo no veía qué papel iba a desempeñar en ningún Club. Sin embargo, yo sentía ya despertarse en mi interior cierto interés. Es más, ya encontraba difícil contrariar a O'Ryan.

Pero no era éste de los que fácilmente se desaniman.

—Escuche, nuestro Club es una promesa para un abogado joven y distinguido. Tenemos tres mamarrachos en la Directiva de la Asociación de Abogados, que más pronto o más tarde habrán de dimitir. Cuando esto suceda, nuestro jefe recomendará a los que han de ocupar sus vacantes. Y en nuestro Club no contamos con tres abogados que tengan menos de sesenta y cinco años.

—No, gracias, O'Ryan. Yo no creo que pueda hacer buenas ligas con los políticos del distrito...

— ¡Huh! — ladró O'Ryan —. Usted se juzga demasiado bueno para andar con políticos. Usted y el cúmulo de sus fantasías y prejucios: siempre haciendo ascos por causa de los sucios políticos, pero usted no levantará nunca un dedo para ayudarlos a enmendarse. Usted...

Me erguí en mi silla cuanto pude. Después dije despacio:

—Uno de los profesores de mi Colegio acostumbraba a hablarme también sobre lo mismo.

—Ninguno de sus profesores le habló nunca en la forma en que yo lo hago —dijo O'Ryan, e hizo otra mueca.

Cuando por último abandonó mi despacho, su Club contaba con un nuevo miembro. Y su consejo me fue asaz provechoso.

Serví varios años en la plana mayor de la Fiscalía del Distrito, y fui designado por la Bar Association para hacer ciertas investigaciones sobre fraudes. A consecuencia de ello el gobernador Lehman me designó para presidir varias Comisiones de investigación en interés público.

Al frente de estas Comisiones, poseía yo poderes superiores a los por mí ejercidos en la Fiscalía del Distrito, mayores aún que los que a la mayor parte de los jueces les son dados. Un fiscal especial tiene autoridad para indagar en multitud de direcciones. Tiene poder para decidir cuándo ha de acusar y cuándo no: y poder para acusar, significa a menudo poder para destruir. Tales poderes llevan, sin embargo, aparejadas tremendas responsabilidades, que pesan duramente y dejan sus huellas con el tiempo en cuantas personas desempeñan tal misión.

Ahora me encuentro sentado en mi despacho de la Corte Suprema de Justicia. El teléfono ha sonado, y lentamente descuelgo el auricular.

—Soy el actuario del Cuarto Período del Juicio, juez —dijo una voz jovial—. He oído que usted ha venido. Ya sabe que ha sido asignado a mi Departamento, y pensé que tal vez desea usted mirar las alegaciones en sus dos primeros casos.

—Perfectamente, ¿piensa usted traérmelos?

—En seguida estaré ahí.

Saludé esta interrupción como una llamada para la acción y un fin a ulteriores divagaciones retrospectivas. Llamaron a la puerta.

—Entre.

Mi trabajo había comenzado.

II.
MI PRIMERA INTERVENCIÓN

Mi primera actuación tuvo lugar en una dependencia del Tribunal, dedicada exclusivamente a las vistas de los litigios. Para habituarme, me senté varias horas junto al juez Pecora, en su Sala. Pronto me acostumbré a la altura del estrado, pero me hallaba sentado al lado del piloto. Sin embargo, había en adelante, de navegar solo.

La ceremonia de mi instalación tuvo lugar a la tarde siguiente. El día después, el fausto había pasado, las palabras elogiosas quedaban olvidadas. La realidad, en la Sala, que se me había asignado, constituyó para mí como una ducha fría. Era ésta una de las veinte Salas del edificio de la Corte Suprema, cada una de las cuales estaba presidida por un juez. Colectivamente, ellos entienden en la múltiple variedad de casos que surgen en la Curia.

Antes de subir al estrado aquella mañana, había ya perdido un encuentro. Es mucho más cómodo vestir la amplia toga de seda en mangas de camisa, y probé a convencer a mi ordenanza que me había pasado toda la vida quitándome yo mismo la chaqueta. Mas él, con toda gravedad, me aseguró que en veinticinco años que llevaba de servicio, nunca había consentido a un juez representar por sí mismo tan «sagrado rito». Era evidente que nada conseguiría destruir tan arraigada convicción, y hube de ceder.

Una puerta conducía directamente desde el vestuario al estrado. Al traspasarla, un ordenanza dio el grito protocolario y todos se pusieron en pie. Iba a presidir mi primer juicio. Tomé asiento, y pronto me sentí presa de vértigo, al mirar abajo, al ruedo, desde el que yo por tantos años había alzado mis ojos al estrado.

Todo era alegre y animado la mañana de mi bautismo judicial. Los dos letrados que representaban a las partes contendientes en el caso que iba a verse, se mostraban amables en extremo. El interés principal de los mismos se cifraba sin duda alguna en que yo, en mi inexperiencia, tuviera algún descuido, que por carambola redundara en beneficio de ellos. Mi primer caso no entrañaba difíciles problemas jurídicos, sino que estaba basado en una extraña serie de hechos. Actor y demandado habían sido amigos desde hacía veinte años. El verano, lo pasaba el primero en una cabaña, a donde con frecuencia acudía el demandado a pasar el fin de semana.

Un mañana alquilaron una barca de remos, de fondo plano, y fueron a pescar a un lago próximo. Como durante hora y media su empeño resultara infructuoso, el demandado condujo la barca a otra parte del lago, buscando que la suerte allí les fuera más propicia. De pronto, dijo el actor, el demandado dejó de remar, cogió su aparejo de pesca e hizo una tirada pésima.

El letrado del demandado saltó de su asiento para formular una moción, solicitando que se rechazara el testimonio. Yo me veía en la precisión de hacer mi primer pronunciamiento como juez. Afortunadamente, se trataba de una cosa fácil. La contestación era concluyente: no podía el actor calificar la tirada. Podría describir la manera en que había sido hecha, pero era al jurado a quien correspondía enjuiciar si la tirada estaba bien o mal hecha.

Acepté la moción, ordené que quedara sin registrar dicha calificación y recomendé al jurado que no la tuviera en cuenta al dictar el veredicto.

Entonces el abogado del actor intervino, pidiendo que su patrocinado explicara cual era la manera más adecuada, y empleada de común, para hacer la tirada desde la barca. El contrario objetó que dicha explicación era propia de un perito, y que el actor no estaba reconocido como tal. Esto igualmente era fácil de decidir. Admití la objeción.

A ello reaccionó el letrado del actor, pretendiendo cualificar a su cliente como experto en la materia, preguntándole a tal fin por cuánto tiempo y con qué frecuencia había ejercido este deporte, si lo había hecho en compañía de otros pescadores, si había observado los procedimientos que ellos empleaban y si él se creía capaz de enjuiciar con exactitud si el método empleado por el demandado era correcto, o si por el contrario, la tirada había de hacerse por encima de la cabeza.

La representación del demandado objetó nuevamente que, dada la poca experiencia del actor, no procedía considerarlo como experto.

Denegué esta vez la objeción, y declaré que se había revelado al contestar a su letrado como conocedor de la materia, quedando reservado al jurado decidir el valor que hubiera de darse a las manifestaciones del actor.

Perdura aún en mí el asombro ante la alquimia que en un instante transformó mi impresión judicial de la ley en relación al caso concreto que se debatía. Como abogado, mi impresión de la ley no había sido otra que una base para el argumento. Pero ahora experimenté directamente la tesis de John Chipman Gray, según el cual «la ley es lo que el Tribunal decide».

Siguió manifestando el actor que los anzuelos debieron de arrojarse por encima de la cabeza, único procedimiento adecuado, mientras que el demandado los había arrojado horizontalmente, a la altura de su cara, viniéndosele a clavar en ella; trató de arrancarlos, pero «mi cara se iba detrás». La pértiga tensaba los anzuelos hacia abajo, por cuya causa hubo de cortar el cordel, y con los anzuelos en la cara, remó el actor hacia la orilla en busca de auxilio.

Se hicieron algunas otras manifestaciones por el perjudicado, declarando también el cirujano que le extrajo los anzuelos. Se formularon diversas objeciones y una moción, por la representación del demandado, para que se desestimara la demanda, dando por terminado el caso. Recordando ahora, después de diez años de ejercicio aquella mi primera actuación, encuentro que mis decisiones, de igual modo que la desestimación de la moción formulada, fueron substancialmente correctas.

La exposición del caso por el actor había consumido la mañana. A nuestro regreso de la comida, los letrados de ambas partes se acercaron al estrado.

—Juez —dijo el representante del demandado—, mi Compañía ha marcado el caso como no transigible, porque no quiere fomentar esta clase de reclamaciones.

—¿Su Compañía? —repliqué—. ¿Qué está usted diciendo?

—Es que yo represento una Compañía de Seguros —contestó—. Nosotros tenemos asegurado al demandado bajo una póliza comprensiva de responsabilidad.

Era ésta la primera insinuación que se me hacía sobre que el demandado estaba asegurado y que el pleito estaba siendo defendido en su beneficio por una Compañía de Seguros. El accidente en verdad no encajaba en ninguno de los tipos cubiertos por las más usuales formas de seguro de riesgos.

Yo ahora reconocería al letrado que defendía el asunto como miembro de la Directiva de una Compañía de Seguros; en el transcurso de los años ha comparecido con frecuencia ante mí. Pero mientras ejercí la abogacía, me encargué de muy pocos casos de accidentes, y así, como juez novel, no pude identificarlo.

Siguió diciéndome que durante la tregua dada para la comida, él había llamado al jefe del Departamento de Reclamaciones de su Compañía, a quien había dicho que ambas partes parecían ser excelentes amigos, y que el actor causó a la Sala aparentemente buena impresión.

—El jefe del Departamento de Reclamaciones accedió, por último —continuó diciendo el abogado—, a pagar algo, pero no todo lo que estaría dispuesto a dar, si se tratara de otra clase de accidente.

—Bien, nosotros no podemos pelear contra tal política —dije yo—. Supongo que las Compañías de Seguros tienden a evitar disensiones entre compañeros.

Durante la sesión de la mañana, había yo advertido una amabilidad extraña entre las partes. Extraña, digo, en vista del hecho de que viejos camaradas se hubieran enzarzado en un pleito. En tales circunstancias, ni que decir tiene que tan solo acritud y rencor era de esperar.

—A nosotros nos gustaría disuadirlos, pero no nos es posible —continuó diciendo el letrado—. Nosotros sabemos lo que acontece en estos casos. El perjudicado pregunta a su amigo si está asegurado. El amigo contesta afirmativamente. Entonces aquél propone que puesto que en realidad ha sufrido daño en aquel accidente, podría demandarle, en solicitud de una pequeña indemnización. Esto es lo que en materia de reclamaciones se conoce con el nombre de guest case. Pero los miembros del jurado son harto sagaces. Seguramente sospechan que existe por medio una Compañía de Seguros, que es la que pagará al fin de cuentas, y por eso no vacilarán en dictar un veredicto tan oneroso, cual si actor y demandado fueran entre sí extraños.

—Entonces —pregunté al letrado—, ¿cómo trata usted de pagar solo una pequeña cantidad en vías de transacción?

—Porque este caso es tan poco corriente, que tal vez el jurado no supondrá que el seguro puede cubrir este riesgo. Ni siquiera usted pensó en que el demandado estuviera asegurado, juez. Por eso, en tales circunstancias, estimamos que el jurado admitirá que supondría asumir un enorme riesgo el simple hecho de que dos amigos emprendan en común la práctica de un deporte cualquiera, como, por ejemplo, la pesca.

Había yo concedido licencia al jurado para retirarse durante esta conversación, que continuó en el vestuario, contiguo a la Sala, y después de un corto cambio de impresiones, el asunto quedó transigido.

Poco contribuí yo ciertamente al éxito, pero en el siguiente caso actuaría con menos escrúpulo, resolvería con más aplomo y sudaría con menos abundancia. El mismo término guest case me era desconocido el día 2 de diciembre de 1941, cuando por primera vez ocupé el estrado. No se me borra de la memoria la mala impresión que me produjo que un viejo amigo tratara de conseguir una indemnización por un perjuicio, resultante de una conducta ni voluntaria ni maliciosa. De entonces acá, he conocido casos en los cuales hermanos accionaban contra hermanos, e hijos contra sus padres.

Me he ido haciendo a tan peregrinas situaciones, de igual manera que he llegado a acostumbrarme a casos tan desagradables como el segundo, en que me correspondió actuar. Superficialmente, tratábase de algo en extremo sencillo. El actor, perito mercantil, demandaba a un cliente, en reclamación del pago de los servicios que le había prestado. El juez, encargado del Registro, indiscutiblemente me había endosado este caso en la creencia de que no presentaría complicación alguna. Y es que no tuvo él ocasión de conocer que el letrado de la parte demandada era uno de los conocidos «acosa-jueces» de la Asociación local de Abogados.

Encontrarse con él en una vista, constituía una atormentadora experiencia, prematura aún para mí. Dos veces ha comparecido en mi Sala desde aquel entonces, y aun cuando yo al cabo de los años he conseguido cierta dosis de seguridad y aplomo, todavía hallaba difícil contenerme dentro de los límites de una correcta conducta.

Casi todos los letrados se muestran corteses y respetuosos en el Tribunal. Ocasionalmente, y en el calor del debate, puede que surja algún incidente. Pero de ordinario, se excusan de ello después, prometiendo hacer lo posible por que no se repita la escena, y eso basta el juez para olvidar semejantes arrebatos.

Este abogado era uno de los pocos que de manera habitual se mostraba díscolo e intratable. No creo que su táctica fuera parte de un plan preconcebido, ni quiero atribuir a un desequilibrio psiquiátrico su forma de conducirse. Era tan apegado a presentar constantemente mociones, como algún otro que he visto con frecuencia en la Sala, brincando de su asiento, paseando sin cesar el lugar reservado a los letrados. Cuando hablaba, sus brazos parecían aspas de molino en movimiento.

Desde el primer momento, apenas dio comienzo la selección del jurado, ya empezó su actuación perturbadora sobre su contrario, el que acosado, apenas si podía terminar una alegación o una pregunta. Era continuamente interrumpido con objeciones, argumentos y divagaciones. El, que de ordinario se comportaba cortés y comedido, llegó también a exacerbarse, recurriendo, asimismo, a gritar y vociferar. Si yo denegaba alguna objeción, el letrado del demandado continuaba arguyendo, como si tal cosa. Finalmente, en el examen del primer testigo, le advertí que no toleraría más argumentos, que hiciera sus objeciones sin comentarlas y yo decidiría sobre ellas. Es éste un recurso muy empleado por los jueces para tener a raya a los letrados charlatanes.

—¿Qué quiere dar a entender, Y. H.? —rezongó el letrado—. ¿Qué no escuchará usted las razones que me impulsan a objetar?

—Justamente —dije.

Entonces él recurrió a un duro sarcasmo:

—Ninguno de los demás jueces, la mayoría de ellos con más experiencia que Y. H., se jactan de conocer todo el derecho. Ellos están deseando oír nuestros argumentos.

—No pretendo conocer todo el derecho —repliqué con aspereza—, me he limitado a llamar a usted al orden con el sano propósito de que la prueba no se eternice.

Pero a pesar de mi advertencia continuó empleando las mismas tácticas. Lo hube de soportar en silencio. Tal vez su empeño era acabar con mi paciencia, en busca de alguna intemperancia por mi parte. Y es que algunos letrados suponen, que siendo reprendidos o censurados por el juez, se ganan ellos, y a través de ellos sus clientes, la simpatía del jurado.

Mi educación me contuvo, evitando un desagradable incidente con este abogado. Después me alegré de ello, porque un juez enfurecido y fuera de sí constituye, a mi entender, un lamentable espectáculo. Si el juez se propone domeñar al letrado, en presencia del jurado, considerándole contumaz o declarando la nulidad del juicio, acabará por deplorar su arrebato. Vista la desigualdad de la pugna, experimentaría después la sensación de haber procedido como un jaque.

Por otra parte, si un letrado no es llamado al orden, al objeto de que se mantenga dentro de los límites debidos, puede convertir la Sala en un mercado. La prueba se desarrollará desordenadamente y sin objetivo, y la evidencia presentada al jurado resultará falseada.

Temo, que como neófito, me hallaba más preocupado con dirigir la vista en orden al veredicto, que con la cualidad de la evidencia. Habíame contentado con mantener el orden en la Sala, resolver sobre las objeciones y endosar, por último, al jurado la función de aplicar la ley al caso controvertido.

En mi segundo juicio, me sentía aún incapaz de rebasar este limitado objetivo. El letrado del demandado continuaba gritando y arguyendo, pese a mis admoniciones. Obstruía de tal forma, que la declaración directa del actor había apenas alcanzado sus preliminares, cuando hube de suspender la vista para la comida. Despedí a los miembros del jurado, y llamé al estrado a los dos abogados.

—He oído hablar mucho de usted —dije al de la parte demandada—, y he de confesarle sinceramente que hace usted honor con su conducta a cuanto de usted se dice.

—Lamento, juez, si le he ofendido —me dijo—. Pero mi cliente me paga para que lo defienda, y creo mi deber hacerlo lo mejor posible.

Estoy convencido de que él honestamente mantenía esta creencia.

—Al reanudar esta tarde la sesión —continué diciéndole— sancionaré a usted, por contumacia, cada vez que se extienda en consideraciones extrañas a las objeciones que formule.

Cuando regresé a la Sala por la tarde, me informaron que el caso había sido transigido. No supongo que hubiera sido esto debido a que el abogado del demandado temiera que yo llevara a cabo mis amenazas. No se amedrentaba él fácilmente. Tal vez opinó prudentemente que lejos de conquistar las simpatías del jurado, las había enajenado a causa de sus destemplanzas.

Pese al éxito conseguido, no me hallaba yo satisfecho de mí mismo, por la forma de dirigir el juicio. Había perdido el control de la Sala, y para hacerme de nuevo con él, me había sido preciso recurrir al desagradable procedimiento de amenazar a un miembro de la Asociación local de Abogados. Bien es verdad que él procedió desconsiderada y hasta ofensivamente. No recuerdo haber nunca aplicado a un letrado tal sanción, pero ni aun siquiera he vuelto a hacer a ninguno esta amenaza.

Un juez experimentado raramente se preocupa de mantener en la Sala su propio decoro. Ello viene a significar para él un detalle baladí, un preliminar de poca monta ante la superior tarea de conseguir un resultado justo y equitativo. El evitará y cortará arrebatos y violencias. En vez de presidir represivamente, intentará con diplomática suavidad conllevar a todos: abogados, jurado y testigos.

Hace pocos años se vio en mi Sala un caso, en que se demandó a Sir Alexander Korda, el conocido productor cinematográfico, por incumplimiento de contrato, por su anterior representante en Europa. El asunto era largo y embrollado, pero grato. Los letrados de las partes, competentes y deferentísimos. Los litigantes, personas de prestigio e integridad, simplemente no habían coincidido al interpretar el principal objetivo del contrato.

La mayor parte de los testigos eran europeos. La Sala rezumaba la cortesía y el encanto del viejo mundo, hasta que se tocó a un punto en las repreguntas a Korda. Él había declarado que cuando se enteró de las actividades del demandante, que a su entender constituían una infracción del contrato, le cablegrafió que viniera a New York. A su llegada se dirigió el actor al apartamiento del hotel donde se hospedaba Korda, en donde, Sir Alexander declaró, le había hablado con indignación por algún tiempo, a causa del abuso de confianza de que había sido víctima. Anteriormente el actor había dado una versión distinta de la entrevista.

La representación del demandante presionó sobre Korda para que dijera si su cliente no le había hecho ciertas manifestaciones en contestación a las acusaciones de que él le hacía víctima. Le repitió substancialmente la misma pregunta en diferentes formas, y evidenciando desde luego desconfianza ante la persistencia de Korda en su primera declaración. Korda dio muestras de creciente aspereza y malestar, a medida que el interrogatorio se prolongaba. Esta era la primera nota desagradable que se deslizó en la vista.

Por último, Sir Alexander, interrumpiendo bruscamente a su atormentador, dijo que él reconocía que lo dicho al actor, lo hizo resentido por creerse personalmente ultrajado con la conducta de éste, que se había hecho de una relación de los perjuicios sufridos, para presentarla, que no dio tiempo a su ex representante para interrumpir el torrente arrollador de su catilinaria, y que al terminar, le había ordenado salir de la habitación.

Por algún tiempo venía yo intentando poner fin a la tensión que por momentos se acentuaba. Advirtiendo que todos los presentes teníán cierta relación con el teatro, dirigiéndome a Korda, le dije:

—En otras palabras, Sir Alexander, que usted no dio ocasión al actor para que saliera a escena.

Korda hizo una mueca. El letrado que lo interrogaba sonrió. Pero lo importante es que pasó a otra cosa, y el buen humor de cada uno se restableció. Mi interrupción había, pues, conseguido su propósito.

Al presidir una vista, el juez tiene una primordial misión: que al jurado se le ofrezca una clara y completa relación de los hechos y una comprensiva y sencilla exposición del derecho. Ante la ley, el juez da la sensación de un elevado poste regulador del tráfico, dando la «parada» y haciendo indicaciones al letrado. Actualmente, sin embargo, su papel no es tan inanimado como parece. A menudo toma parte en el duro combate, no como partisano, desde luego, y de forma que pasa desapercibida al jurado. Él está siempre alerta para rechazar cualquier prueba extraña o un argumento peregrino, ciertas tácticas responsables que pueden enturbiar las conclusiones y empañar la nítida percepción de los extremos que han sido objeto de la prueba.

En este sentido el juez actúa como un administrador. Está llamado a regular la complicada y a menudo confusa maquinaria del juicio, en forma tal, que el jurado, impuesto de los hechos, pueda dictar un veredicto ajustado a la realidad. A veces el juez llama la atención al jurado por causa de un veredicto que él considera inoportuno. Pero, al menos yo así lo creo, no amonesta a los miembros del jurado, simplemente porque sea él un lunático o porque su criterio disienta del que aquéllos colectivamente sostienen. Lo más probable es que la invectiva sea una expresión invertida de auto-reproche por considerar él que la salida por la tangente del jurado implica un desfavorable reflejo de la actuación del juez durante la vista.

La práctica desarrollará la seguridad y la habilidad precisas para enfrentarse con situaciones perturbadoras y violentas. Usualmente son tan frecuentes tales situaciones, que la técnica correctiva del juez se hace instintiva, casi refleja. No obstante, práctica y habilidad sirven de poco para poner coto a la bellaquería cuando uno o varios letrados se empeñan en hostigar al juez como parte de su estrategia en el juicio y sin parar mientes en las consecuencias.

Existe también la posibilidad de que un carácter abierto sea interpretado por algunos, sean testigos o abogados, como signo de debilidad, e intenten sacar de ello ventajas a su favor. El juez debe de adoptar sus propias medidas para enfrentarse con cuantos así procedan, medidas compatibles, desde luego, con su carácter.

A veces el juez es requerido apresuradamente para que improvise un procedimiento provisional. Recuerdo dos casos que se me presentaron cuando llevaba algunos años de servicio. Por aquel tiempo ya había adquirido cierta dosis de confianza en mi propia inventiva para adoptar medidas no muy acordes con la ortodoxia. Si tales problemas se me hubieran presentado durante mi aprendizaje, dudo mucho de que el éxito hubiera acompañado a mi empeño.

Fue en un día caluroso en extremo del mes de junio, hace pocos años, cuando el actuario se acercó al estrado para decirme todo turbado:

—En el próximo caso, Brash representa al actor y Bellows al demandado.

Ambos abogados habían ya actuado en mi presencia en otras ocasiones, pero nunca como contrarios, y en seguida me percaté de la causa de la turbación del actuario.

Brash era un viejo batallador, gruñón, que de continuo andaba a la greña con su adversario. Conocía todas las tretas del oficio y era desatento para con las admoniciones de la presidencia, razón por la que no era visto con buenos ojos en el Juzgado.

Bellows, su adversario, era también un tipo parecido. No obstante, Brash tenía una ventaja. Que el marrullero poseía la habilidad especial de simular indignación, examinando mientras de reojo la reacción del jurado, mientras que Bellows llegaba en realidad a exacerbarse tanto que perdía la cabeza y se comportaba como un loco.

Entendí que los procedimientos ordinarios serían suficientes para prevenir los incidentes que pudieran provocar ambos letrados, tanto más cuanto que el asunto iba a juzgarse en un día de prematuro calor.

Apenas Brash, por parte del actor, había abordado los preliminares de su caso, Bellows objetó. Se enzarzaron en un intempestivo intercambio de palabras fuertes, y tras de haber amainado la tormenta, yo sostuve la objeción. Brash continuó en el uso de la palabra. Estalló un nuevo altercado, esta vez de mayores proporciones. Yo lo soporté con estoicismo, y apaciguado éste, sin dignarme hablar al letrado, me dirigí a los miembros del jurado, como sigue:

—Habéis presenciado, señoras y caballeros, un triste espectáculo que revela un comportamiento impropio de caballeros y de abogados. Como miembro de esta profesión legal, quiero dar satisfacciones por la conducta de ambos letrados. Yo os ruego que no juzguéis a los demás profesionales a tenor de lo que aquí habéis presenciado, y que os esforcéis en lo posible para que las partes litigantes no sufran las consecuencias de la irresponsable conducta de sus letrados. Creo que el excesivo calor que hace puede ser una razón y al mismo tiempo una excusa de lo sucedido.

Bash permaneció callado por un momento con la cabeza baja. Volvió la espalda al jurado ocultándoles la cara, y medio gesticuló una mueca, al par que me dirigía una extraña mirada. Conocí que desde aquel momento decidió conducirse de muy distinta manera. Resumió y con la mayor concisión concluyó su informe. Bellows hizo otro tanto. Aun cuando ambos eran mordaces en extremo, no hubo en la Sala más incidentes. Para la próxima vez cuidarían de reprimir el hervor de su sangre. El asunto pendiente lo transigieron fuera del Juzgado.

III.
MI PRIMERA RECOMENDACIÓN AL JURADO

La tarde antes del día en que tenía que hacer al jurado mi primera recomendación, me hice traer de fuera la comida, y permanecí en la Corte Suprema para preparar mi trabajo. Escribí palabra por palabra, sin abreviaturas, todo lo relativo al examen de los hechos, el boiler plate, que habría de tenerse a mano en cada recomendación, y las instrucciones y reglas específicas de derecho relativas al caso concreto.

En los círculos periodísticos, boiler plate es el término empleado para designar el material «de relleno», la sección de lectura general que se vende a los pequeños periódicos o electrotipos. El editor añade después noticias de carácter local y anuncios. Los curiales han denominado boiler plate a aquellas instrucciones de carácter general, que son de aplicación a todos o a la mayor parte de los casos; comprenden éstas todo lo relativo a la carga de la prueba, daños y perjuicios, responsabilidades e imprudencia punible en caso de accidentes, etc.

Jueces ha habido tan amables que me han facilitado copias de sus boiler plate, que yo plagié y adapté a mis propias necesidades. Ahora, en cambio, hago recomendaciones al jurado, de memoria, sin recurrir a notas de ningún género; pero en mi primera instrucción procuré leer cada palabra de mi escrito.

Revisé después y corregí repetidas veces aquel trabajo. Temía que mi esfuerzo para hacerlo inteligible al jurado resultara infructuoso o contraproducente. Era demasiado cuidadoso, excesivamente preciso, y tal vez, recelo, legalista en extremo. En modo alguno alcanzó éste la sencillez de una perfecta instrucción, ya que carecía yo de la seguridad suficiente para desbrozar, y aun dar de lado a algunas conclusiones de menor monta, a fin de captar con claridad la esencia del asunto. Pienso que me preocupé más, en aquel entonces, del aspecto técnico que de hacerlo comprensible al jurado.

Y ahora me percato de que no constituye mérito alguno expresarse con impecable corrección legal, cuando con ello sufre detrimento la claridad. Pues ello equivale a instruir a medias al jurado. Es muy difícil reducir la precisa y exacta terminología del derecho a un lenguaje inteligible al profano. Resulta más fácil y cómoda la olímpica exposición a la manera como aparece en los libros de texto. Y aún más seguro usar el viejo y trillado lenguaje consagrado por la práctica de los Tribunales de Apelación.

Tengo entendido que los viejos maestros inciden en uno de estos dos extremos: Hay quien repite las mismas lecciones año tras año, sin preocuparse lo más mínimo en condimentar de manera distinta el manjar que ofrece a sus alumnos, a fin de estimular el apetito y digestión de éstos. Otros, en cambio, de continuo hacen experimentos nuevos, improvisan, tratan de estimular y sostener la atención de los escolares y aumentar así su retención. El primero es más seguro y fácil procedimiento, y con él nunca rodará el profesor por la alfombra. El segundo, más arriesgado. Una explicación indiscreta o mal comprendida por el estudiante puede ser repetida o tergiversada y provocar la furia del padre, del superintendente o de un miembro cualquiera del misino Centro de enseñanza.

Al instruir al jurado, el juez hace también de maestro. Puede él de igual manera proceder con comodidad, limitándose a repetir, como un papagayo, instrucciones ya gastadas por el uso. Mas cuando el juez ha alcanzado un cierto nivel de competencia y confianza en sí mismo, procede por su cuenta, y pone en práctica artificiosos recursos. Excepto para el ojo crítico del experto, su trabajo parecerá satisfactorio. La mayoría de los jueces, sin embargo, remiendan chapuceramente sus instrucciones, si bien ellos no pueden experimentar sus resultados en la medida en que el maestro los experimenta en sus discípulos.

Sin divulgar su propia apreciación de la evidencia, el juez diestro, al instruir al jurado, presentará los hechos de forma que pueda éste inferir las conclusiones pertinentes. El juez se convierte en un disciplinado e imparcial cribador de los hechos. Señalará los hechos concedidos, los incontrovertidos y aquellos otros que son como clave en la contienda, y sobre los que hay que decidir para conseguir un veredicto.

Aun cuando un juez no se aventure a usurpar la función escudriñadora de los hechos, propia del jurado, procurará, no obstante, hacer saltar la chispa que ilumine todo el proceso. ¿Cuál es la piedra de toque del caso del actor? ¿Cuál la de la pretensión del demandado? ¿Cuáles los fundamentos de cada parte que, al destruirse, producen el desmoronamiento de toda la cuestión? Las conclusiones del caso son elaboradas en la mente del juez. Son ellas como el imán al que la material y relevante evidencia queda adherida, en tanto que todo lo irrelevante e insubstancial permanece suelto. Procurará él ocultar al jurado sus propias impresiones acerca de la credibilidad del testigo, o en lo tocante al valor que haya de concederse a la declaración.

Hoy no haría yo una tan pesada y ampulosa exposición de derecho a veinte desventuradas personas llamadas a integrar el jurado, como en mi primera recomendación. Pero ahora reconozco unas dimensiones a la tarea del juez, que hace diez años no hubiera podido percibir. Se exige algo más que pericia en la aplicación de las normas legales.

Un gran juez, Learned Hand, refiriéndose a los servicios del juez, dijo:

«Es por sus desvelos por lo que, poco a poco, se ha ido levantando la majestuosa fábrica del derecho...; la creación del artesano, la más de las veces anónimo, que ha sentido el aguijonazo de un empeño, nunca acabado con éxito, pero nunca fracasado.»

Un juez avanza hacia la madurez, si se consagra a tal fin. Ha de poseer ante todo capacidad para captar la substancia de los hechos y de la ley. Sólo con dominio de los hechos puede llegar a ser un experto, apreciable dispensador de la justicia, aun cuando los sutiles matices de la ley escapen a su percepción. Pero el sentimiento del derecho siempre escapará a aquel que carezca del inteligente y hábil dominio de los hechos. Este jamás percibirá sus pragmáticos destellos.

Nunca se presentará la ley clara del todo y exenta de complicaciones para el juez, al igual que una doncella recatada a quien la pretende. De otra forma, la ley, lo mismo que la damisela, perderían parte de sus encantos y atractivos. Pero el juez prudente, como el prudente enamorado, se siente dueño de este sincero amor, aun cuando no llegue a comprenderla enteramente y aunque ella eluda a veces a su seguidor. El galán estúpido aceptará literalmente y sin objeciones los reproches de su amada. El prudente, en cambio, sabe que el ceño adusto de ayer, al siguiente día, bajo el influjo de diferentes circunstancias, se transformará en una esperanzadora sonrisa.

De igual manera, el sensato y experimentado juez no aceptará, en una superficial apreciación, las opiniones de esta deidad, sino que inquirirá con el mayor detenimiento. ¿Por qué ella frunció el ceño en un caso y no en otro, siendo así que en ambos concurren las mismas circunstancias? ¿Qué hechos excepcionales consiguieron aplacarla? ¿Eran tan poderosas e influyentes aquellas circunstancias mitigadoras, como las que impulsaron al juez a actuar en el caso anterior? ¿O ampliará él la esfera de aplicación de la norma general a un límite, que repercutirá en la constancia de su diosa?

Existen muy pocas diferencias entre las reacciones emocionales del juez y las de un simple particular. La capacidad del juez para la indignación o para la compasión no sufre atrofia. Adquiere mayor desarrollo en un carácter disciplinado. La madurez judicial no produce su disecación. Y sus nociones acerca de la equidad difieren muy poco de las que posee un particular. A veces, ambos, son solicitados para aplicar una norma general de derecho, que produce injuria en un caso particular. Aun cuando él, en su fuero interno, considere el resultado inadecuado e injusto, como consecuencia de esta disciplina, el juez aplicará la ley más resueltamente y con mayor prontitud que lo haría un particular. Por desagradable que sea la ley, y por violenta que al juez resulte su aplicación en un caso concreto, no le pasa desapercibido que es función del poder legislativo y no de los Tribunales de justicia cambiar el derecho vigente. Los libros de texto abundan en tales enseñanzas.

En ocasiones, cuando el juez ha decidido sobre los hechos en un asunto determinado o sobre una moción y la norma de derecho aplicable es de diáfana claridad, puede verse obligado a sobreponerse a sí mismo, en orden a adoptar una resolución en armonía con su conciencia, Recuerdo a este respecto una conversación surgida entre varios jueces, durante una comida. Se había abordado este tema: «¿Se puede dar un desacuerdo esencial entre jueces y jurados en orden al veredicto?».

Uno de los presentes dijo:

—Hay casos en que yo redactaría un veredicto distinto del emitido por el jurado. Pero he de confesar que en la mayor parte de las veces en que disiento del veredicto, el jurado se pronuncia tal cual yo lo haría, si no me viera obligado a ceñirme a la ley.

La comunidad exige del juez, en la decisión de los asuntos, más imparcialidad que a un simple particular. La imparcialidad, al igual que las demás cualidades humanas, puede desarrollarse por el ejercicio constante. En su diaria tarea, y como parte integrante de la misma, un juez se esfuerza constantemente por conseguirla.

Al simple ciudadano a veces se le presenta la ocasión de decidir una controversia. Puede hallarse entre, un compañero por quien siente aprecio y otro que le desagrada. Intentará resolver el caso sin consideración alguna a sus simpatías o enemistades; pero habrá de hacerse, sin duda alguna, mucha violencia para conseguirlo. Si él tuviera que desempeñar tal función ininterrumpidamente y no de forma esporádica, la imparcialidad acabaría por manifestarse como una reacción refleja.

Así, pues, en sus deliberaciones, el juez actúa siempre concentrando o eliminando prejuicios, influencias, favoritismos y cualesquiera otros factores que pudieran torcer su voluntad. De ordinario, no sale enteramente airoso de la prueba: muchas de las fuentes de tales prejuicios permanecen en estado latente en su subconsciencia. Sin embargo, cuando una y otra vez una concluyente evidencia prueba la santidad de sus emociones iniciales, sólo entonces aprende el juez a tensar las riendas que las refrenan.

El juez no es ni más inteligente ni más perspicaz que un miembro cualquiera del jurado; luego tampoco lo es más que el jurado en su colectividad. Como humano, incidirá a menudo en erróneas conclusiones sobre la credibilidad de los testigos o la veracidad de sus declaraciones. Los miembros del jurado son a menudo más cautos en valorar un testimonio o en reconstruir una operación controvertida. Y a veces, en comportamientos sin razón de ser ni finalidad alguna al parecer, ellos captarán la verdad con más facilidad aún que el mismo juez. Pero en igualdad de factores personales, por virtud de su práctica, se hallará el juez en superiores condiciones para inferir las conclusiones del caso.

La diferencia de puntos de vista entre el juez y quien no lo es, es enteramente producto de la educación y de la disciplina. El juez, a fuerza de práctica, aprende a captar el meollo de las conclusiones, y se hace disciplinado para respetar, pongamos por ejemplo, los escrúpulos religiosos de una persona. No empecé que, a su entender, se trate de creencias religiosas extravagantes y absurdas; él las tolerará y no adoptará en modo alguno decisión que pueda violentarlas.

El procedimiento judicial, como técnica enderezada al examen de los hechos, es una empresa altamente disciplinada, que envuelve la reconstrucción de los incidentes específicos de hecho o de situaciones, a través de palabras, en un Tribunal determinado, y dentro de un período de tiempo fijo. Las normas de enjuiciamiento aplicadas por el juez tienden a reducir al mínimo la desfiguración sufrida en la lente, a través de la cual el pasado se proyecta en el presente. Este trabajo de reconstrucción del hecho es generalmente llevado a cabo por las manifestaciones de las personas que han presenciado el suceso original. Pero la decisión última, proceda del juez o del jurado, ha de ser dictada por personas que no han observado lo acaecido, sino a través de tal reconstrucción.

En uno de sus diálogos, Platón reparó en este fenómeno: «Cuando, en su consecuencia, los jueces se hallan rectamente persuadidos acerca de cosas que tú no puedes conocer, sino viéndolas, y no de ninguna otra manera, y cuando así juzgando de ellas por referencias, estiman que han conseguido un concepto exacto de las mismas, juzgan sin conocerlas, y aun todavía lo hacen persuadidos de que han juzgado con rectitud».

De acuerdo a la moderna concepción del juicio, al reconstruir los hechos, el juez no procede cual si recordara una relevante experiencia, sino que más bien adquiere noticias acerca de los mismos, a la manera como el historiador reconstruye los acontecimientos pasados. Como tarea de aprendizaje, más bien que de recuerdo, el juicio, al igual que todos los procedimientos que exigen una decisión o veredicto, presenta múltiples perspectivas de problemas metafísicos y de epistemología. ¿El juez o el jurado reconstruye una situación de hecho, inductiva o deductivamente, por intuición, de conformidad a los principios del Gestaltismo, o por cualquiera de los otros procedimientos? Esta cuestión es tan incontestada como incontestable.

Unas veces un problema cederá a un consciente y demostrable análisis. Otras, en cambio, resistirá a tan sensible procedimiento.

A veces, sin esfuerzo casi; otras, después de una paciente labor de investigación, he logrado una súbita percepción en ásperas contiendas en las que sólo discordias se ofrecían en orden a una armoniosa solución. Como juez, siempre me produce alarma la balandronada de algunos letrados que se esfuerzan en defender algún punto, incapaz de resistir el más escrupuloso análisis. En un principio yo me ensimismaba en la luminosa aparición de estos descubrimientos, tanteando en busca del punto o lugar de su origen. Pronto encontré esto tan inútil como zambullirse en un pozo en busca de una luciérnaga.

Llámese esto «sensación» del caso, disciplinada intuición o judicial hunch, es lo cierto que todos los jueces lo han experimentado. Muchos jueces duchos en la materia esperan en parte, en parte proceden de acuerdo a esto, cuando los métodos ortodoxos y conscientes de raciocinio han dado un resultado negativo. ¡Qué emoción cuando se ha logrado el resultado!, y ¡qué sensación de fracaso cuando falla, cuando el juez ha de menester recurrir nuevamente al artificio de la prueba o a una presunción para adoptar la decisión oportuna!

La ley no prescribe la clase de proceso mental que un juez o jurado ha de emplear en la reconstrucción del hecho, con tal de que su decisión se base en la evidencia. Sin embargo, no será ocioso decir que el proceso en su actual regulación, no sólo es un método racional para evidenciar los hechos, sino que también facilita la exacta percepción que todos nosotros experimentamos como resultado de una súbita, precisa e intuitiva captación del asunto. Propósito, móvil, buena fe, es a menudo lo que se persigue con la prueba directa, y con frecuencia requieren que el juzgador, al apreciar los hechos, base su investigación sobre una discreta intuición.

El juez inquiere primero los hechos, después busca la ley, y por último escudriña sus propios sentimientos. Si hay armonía en todo ello, su tarea resultará fácil.

No se hacen las leyes para que los jueces las conculquen, pero en manos sensibles ofrecen ellas una cierta flexibilidad en orden a acomodarse a individuales situaciones. La ley quebrará, en cambio, cuando es desfigurada en su aplicación por un juez insensible que pone violentas manos en ella. Puede resultar deformada y maltrecha, interpretada por un juez impetuoso.

El juez cauto flexionará la ley hasta el límite de su tolerancia, no más, para adaptarla a la especial configuración de cada caso particular. El preciso y meticuloso, no acertará a acomodarse a tal configuración, debido a la terca severidad de su criterio rectilíneo. Dean Pound ha dicho: «Lo importante no es la ley en sí, sino el margen de discreción y tolerancia que ella contiene, y su posibilidad de adaptación a un caso particular».

El juez no puede resolver todos los problemas con la misma facilidad con que se descifra un crucigrama. Ocurre con frecuencia que no basta para conseguirlo con poseer un corazón comprensivo y una mente disciplinada. Adoptar decisiones implica algo más que un simple ejercicio mental.

Tengo por seguro que mis colaboradores y dependientes no aprobarían esta sincera admisión sobre las incertidumbres y vacilaciones que experimenta el juez. Ellos coinciden en presentar al público un arraigado sentimiento de la infalibidad judicial.

Mi primer tropiezo a este particular lo tuve la mañana en que había de hacer por vez primera mis recomendaciones al jurado. Temeroso de que a alguno de los letrados de las partes se le ocurriera intervenir, con respecto a las mismas, me dirigí a la Biblioteca para consultar algo sobre el particular, y me enfrasqué de tal modo en la lectura que llegué al vestuario quince minutos después de las diez. El día anterior había suspendido la sesión hasta las diez del siguiente día.

—Se me ha hecho tarde —dije, mientras el ordenanza me vestía la toga—. Habré de excusarme ante los miembros del jurado y abogados por haberles hecho esperar.

—Juez —me dijo el subalterno—, perdone que me inmiscuya en lo que no me importa; pero cuando usted lleve aquí el tiempo que llevo yo, se percatará que no hace al caso la hora en que el juez entre en la Sala, pues... ¡entonces precisamente serán las diez en punto!

Entre ellos mismos, los empleados del Juzgado comentarán, sin duda alguna, las debilidades y rarezas del juez, tal vez con excesiva dureza. Pero para el mundo exterior, el juez nunca obra mal.

IV.
LO QUE NO SE APRENDE EN LOS LIBROS

La Corte Suprema del Estado de New York, es un Tribunal de jurisdicción ilimitada. Es decir, que a diferencia de otros tribunales, éste no se circunscribe a entender en una particular clase de litigios, tales, por ejemplo, como los de carácter criminal, ni queda afectada tampoco su competencia por la cuantía de la contienda.

Y así se explica que se hayan tramitado allí litigios por seis centavos y por millones de dólares, por convicción y por absolución. Se han disuelto matrimonios e importantes corporaciones, se han reprimido huelgas, así como lockouts, rebajado los impuestos sobre bienes inmuebles y promovido contiendas sobre los mismos, rescindido contratos y ordenado su otorgamiento.

Este Tribunal entiende principalmente en la substanciación de los juicios y de las innumerables incidencias legales, conocidas con el nombre de mociones, relativas a aquéllos. Pero cada año se realiza un trabajo enorme que ninguna relación guarda con la decisión de los litigios.

Porque, a veces, la actuación del juez no se limita a los trillados y cómodos trámites del juicio o al estudio de un mayor o menor número de escritos de mociones. Puede, en efecto, verse obligado a intervenir en casos nada afines a los que tradicionalmente se vienen reputando propios de su función. Incluso ha de hacer frente a situaciones que no se acomodan claramente a ninguna de las figuras específicas que hemos aprendido en los libros de texto.

Fue en el verano que siguió a mi nombramiento, cuando fui asignado por vez primera a una sección de mociones. Una moción es generalmente una instancia o petición que se hace por una de las partes litigantes, cuando el asunto se encuentra en vísperas del período álgido de pruebas. Usualmente se hacen y se impugnan mediante escritos, en los cuales se alegan los hechos que se estiman convenientes y se argumentan los fundamentos legales aplicables. Raras veces se recurre al informe oral en tales incidentes.

Muchas mociones no son más que una especie de diligencias preliminares o intermedias tendentes a esclarecer el embrollo antes de la vista y examinar las conclusiones con toda claridad y precisión. Así, para preparar hábilmente la prueba, una u otra parte contendiente puede solicitar se examine a la contraria en relación a sus testigos, o puede pedir una relación de particulares, en donde se amplíe o especifique la posición adversa.

El actor puede recurrir a una moción para impedir daños inminentes e irreparables, que frustrarían el resultado del proceso; por ejemplo, que se trabe embargo sobre bienes del demandado, quien a su vez puede presentar moción en solicitud de que el embargo quede sin efecto. La esposa, en un juicio matrimonial, puede pedir alimentos y expensas en vista a mantenerse ella y sus hijos y pagar los gastos que su defensa origine durante el tiempo que dure la substanciación del pleito.

Puede un litigante interponer una moción destinada a conseguir que sea rechazada la demanda de su adversario, so pretexto de que aun admitidos los hechos por él alegados, no pueden éstos subsumirse en ninguna disposición legal. O puede solicitar un juicio sumario, acompañado a su moción documentos y escritos que él estima constituyen prueba decisiva del asunto, no quedando por probar, en su consecuencia, ninguno de los hechos constitutivos de su demanda. Y existen, por último, mociones que nada tienen que ver con el litigio y tendentes a conseguir una determinada tutela desconectada de toda otra pretensión ulterior.

Pero aun cuando relativamente son muy pocos los casos que llegan al acto de la vista, es precisamente la consideración de ésta lo que origina y activa múltiples diligencias previas que absorben en gran manera la atención del juez. El hecho de ser la fase probatoria de un pleito, el «punctum cruciens» de todo el sistema judicial moderno, explica el sinnúmero de mociones preliminares a dicha fase.

En la Corte Suprema donde actúo, la antigüedad es observada con todo rigor. Los jueces más jóvenes se encargan durante el verano de las mociones. Cada juez actúa dos semanas, una de las cuales se dedica a resolver las que han sido impugnadas, y la otra a firmas las restantes. Por lo menos dos semanas más se precisan para deshacerse del trabajo. Como juez novato, mi turno correspondió a la última semana de julio y primera de agosto.

Los negociados o departamentos de mociones trabajan febrilmente durante todo el verano. Han de permanecer abiertos durante cincuenta y dos semanas al año. Se ha de estar presto en cualquier momento a prestar la debida tutela a quien con urgencia la solicite. Un hombre de negocios puede solicitar un mandamiento judicial para impedir a un competidor suyo que prosigue su desleal táctica, la que de continuar durante el verano, podría arruinarle. O bien, puede el actor, enterado de que el demandado está a punto de largarse al extranjero, solicitar el embargo preventivo de sus bienes para asegurar las resultas del juicio. Una madre puede acudir en busca de una providencia relativa a la guarda y custodia de su hijo.

El promedio diario de mociones registradas es de unas ciento cincuenta. De ellas, la mitad se aplazarán para otro día. Del resto, unas se resuelven en el acto, casi automáticamente, por rebeldía o por avenencia. Otras no presentan difíciles problemas legales ni de hecho, pero se invierte no poco tiempo en la lectura y estudio de los documentos. Y las hay, por último, que plantean complicadas cuestiones, de hecho o de derecho, o envuelven enojosos problemas políticos.

A petición de los representantes de los litigantes, ocho o diez de ellas quedan señaladas para alegación oral. Las demás se tramitan mediante impugnación contraria por escrito. Los informes varían en extensión y absorben por lo general toda la mañana.

Yo trabajé literalmente día y noche durante cuatro húmedas y tórridas semanas, a fin de despachar las mociones controvertidas que habían sido sometidas o argüidas ante mí. Pero tenía pocas atenciones precisas durante las horas de la tarde. Trabajaba hasta media noche cada día de la semana, y los viernes me llevaba a casa la cartera repleta de expedientes para cuidarme de ellos durante sábado y domingo.

En todo el tiempo que ejercí la abogacía, había entendido en unas diez o doce mociones por año. Ahora pasan de mil las que distraen mi atención en igual período de tiempo. De aquí que ya me halle familiarizado con las más usuales y comunes mociones, y en disposición de juzgar imparcial y acertadamente aquellos casos, por los que antes, como letrado en ejercicio, me hallaba en disposición de abogar.

Durante el primer año leía todos los escritos, marchando seguidamente a la Biblioteca para consultar cada una de las citas que en ellos se contenían. Aún hoy me leo cuantos documentos y escritos se producen por los litigantes, pero la práctica constante me ha hecho conocer la mayor parte de la doctrina legal y textos por ellos aducidos, invirtiendo en otras atenciones el tiempo que antes consagraba al estudio de los mismos.

Durante mi primer verano de actuación en la tramitación de mociones tenía por costumbre dictar a los mecanógrafos todas las Memorias y considerandos que acompañaban y explicaban mis decisiones. La mayor parte de los abogados nunca escriben a mano, excepto su firma; dictan, en cambio, con prodigiosa fluidez toda clase de escritos.« Yo, juez bisoño, había adaptado a este hábito mi labor judicial.

Ahora, en cambio, hago a mano todo el trabajo, entregando éste después al estenógrafo para que lo ponga en limpio. He comprobado que la tendencia a dictar da lugar a producir escritos interminables; y no importa las revisiones que con posterioridad se hagan, el resultado final siempre es el mismo: la prolijidad.

Me esmero, al escribir mis opiniones, en hacerlas comprensibles a los letrados. Que mis razonamientos sean claros. Procuro escribir con la mayor economía de palabras, porque los largos escritos conducen a la confusión y engendran ambigüedad. El mismo esfuerzo que supone la escritura a mano, disuade de la prolijidad y de la tautología.

Cuándo ha de redactar el juez una exposición comprensiva del asunto y cuándo no, es un problema preliminar que ha de resolver en la mayor parte de las mociones controvertidas. La práctica ha enseñado a los jueces a no escribir, como medida general, a menos que se trate de una conclusión de «primera impresión», es decir, una cuestión sometida a la decisión judicial por vez primera, o que presente aspectos nuevos o elementos de extraordinario interés público. Fuera de esto, un juez experimentado sólo escribe lo necesario para exponer a los letrados su razonamiento sobre el asunto debatido, o al Tribunal de apelación, si su decisión es recurrida. Si el razonamiento está implícito en la decisión, el juez puede limitarse a escribir: moción admitida o moción denegada, en su caso, o añadir sencillamente la cita del caso principal a que se refiere. La mayoría de los jueces poco experimentados, y yo no constituía una excepción, piensan que debe abordarse con gran extensión cada faceta de la cuestión aun cuando la misma materia haya sido enunciada más lucidamente y con mayor autoridad repetidas veces en el pasado.

Los dos editores de las publicaciones dedicadas al Derecho del Estado solicitan copias de algunas «opiniones» que estiman pueden ser de interés para los profesionales. Se valen para ello, de jóvenes abogados activos, que escudriñan cuanto se halla en trámite en los Tribunales de jurisdicción ordinaria y eligen lo que consideran de transcendencia. A menudo se pone al juez en un aprieto, cuando se le pide, para su publicación, una opinión o dictamen en cuya redacción se procedió con descuido. Teme que tal vez no se refleje allí una bien desarrollada y pulida exposición, tal cual él hubiera deseado registrar imperecederamente en tales publicaciones.

Hay diversas categorías de mociones, que determinan el orden de prelación, para su estudio. En mi primer verano, yo no había concebido ningún programa sobre prioridades. Yo elegía los legajos que contenían las mociones, por el orden con que aparecían en el registro. Resultado de ello fueron continuas interrupciones, como la siguiente:

Mi secretario asomó su cabeza en mi despacho la tercera tarde de mi asignación a tal tarea, para comunicarme que un abogado preguntaba por teléfono cuando se decidiría el caso A contra B. Se trataba de una moción relativa al nombramiento de un depositario en relación con una acción ejercida para disolver una sociedad. «El letrado informa que el socio que está en posesión de los bienes, está saqueando el negocio».

—Muy bien —dije—. Tráigame el expediente y diga al letrado que intentaré ocuparme de su caso esta misma tarde.

Ahora he establecido un orden para despachar las mociones, atendiendo a su mayor o menor urgencia.

Por ejemplo, doy por regla general la preferencia a las solicitudes de embargo. Tienden éstas las más de las veces a tutelar situaciones, tan perentorias, que de sufrir aplazamiento la diligencia pedida, no habría ulterior remedio. Y en tal epígrafe catalogo las mociones que tienden a prohibir a los arrendadores que despidan a sus colonos, a reprimir la competencia ilegal, a zanjar torpes maniobras en materia de trabajo, a disuadir al alguacil de practicar un embargo. Por otra parte, las mociones enderezadas a conseguir que se rechace la admisión de una demanda, a impugnar parte de una alegación, a regular el juicio, etc., pueden de ordinario dejarse tranquilamente a un lado, para su posterior resolución. Representan éstas, por lo común, cuestiones previas a discutir en relación a unos asuntos, a los que aún faltan muchos meses para llegar a la vista.

Pero a veces una moción que no estaba catalogada como urgente, requiere una atención inmediata, por ejemplo: una solicitud de examen de la parte contraria antes del juicio. La parte, en efecto, que debe ser oída, puede encontrarse en la precisión de marchar del lugar, o puede darse, el caso que la vista del asunto esté en puertas. Hay varias mociones de esta clase en el registro, cada día, en las que ordeno al actuario que estampe el vocablo urgente. Cuando un expediente llega a mi despacho llevando a la vista esta palabra mágica, mi ordenanza lo coloca a la cabeza del montón.

De regreso al despacho, tras oír alegaciones en la Sala-audiencia, me dedico a examinar estos expedientes, siguiendo el orden de su mayor urgencia. Mociones complicadas que exigen un profundo estudio quedan a un lado, para más tarde, a menos que concurran en ellas circunstancias tales que requieran prestarles una inmediata atención.

Cuando el juez se enfrenta con un intrincado problema legal suele echar mano de su secretario o de cualquiera otro de sus subordinados, para que le asistan en el estudio del mismo. Yo he requerido a veces los servicios de estos auxiliares, que son instruidos, inteligentes y experimentados en los derroteros del pensamiento jurídico. Me prestaron inestimable ayuda principalmente durante el primer año de mi actuación judicial.

Pocos profanos en la materia llegan a apreciar el transcendente papel, decisivo a veces, de la moción. Muchas son rutinarias, pero a pesar de ello, importantes, ya que suministran a las partes informaciones, que limitan las conclusiones en el acto del juicio, o que tienden a evitar sorpresas. Otras mociones originan que se rechace la admisión de la demanda, o la enervación de la contestación, o la dirección del juicio, evitando así la celebración de la vista.

La finalidad de estas mociones marcan una importante pauta en el procedimiento actual.

V.
LA VERDAD NO SIEMPRE SE HALLA EN UN LITIGIO

En cualquier Tribunal en que se celebre el juicio, la fase probatoria es la más importante. Se considera como la meta de los litigantes. La ley académica poca trascendencia tiene para ellos. Lo que precisan es obtener la victoria en cada caso concreto, victoria que puede afectar a su talonario de cheques, a su seguridad personal o tal vez al curso futuro de sus vidas.

Este ambiente no es precisamente el más adecuado para engendrar la evidencia. La atmósfera se tensa en un maremágnum de ocultas pasiones: virtudes y fragilidades humanas, nobleza y vilipendio, estupidez y astucia, alteza de miras y brutalidad. Las partes en cada caso hacen los imposibles para prevalecer. Los jueces y las personas del jurado han de menester ciertas nociones de justicia, al amparo de la ley, para decidir, aun cuando sus ideas sobre lo que en cada caso particular constituye lo justo, difieran a veces.

En la mayoría de los casos y para la mayor parte de las gentes, no constituye este procedimiento la primera, sino la última instancia. Sólo un 3% de los asuntos por mí fallados suelen ser apelados. ¡Un 3% en un distrito en el que se tramitan los asuntos de mayor envergadura de toda la región! El porcentaje es aún menor en otras esferas, e insignificante, casi, en los Tribunales de más restringida jurisdicción. Los dispendios que la apelación supone, constituyen una fuerte traba para los litigantes, pero, a mi entender lo que principalmente explica tan escaso número de apelaciones es que la mayoría de los juicios versan sobre cuestiones de hecho, y a los letrados de las partes no les pasa desapercibido que la apreciación hecha de los mismos por el Juzgado «a quo», es por lo general aceptada por el Tribunal de Apelación.

Los hechos atraen con preponderancia la atención del Juzgado. Cada día de la semana, por la mañana, miles de personas suben los pétreos peldaños del Palacio de Justicia del Distrito de Nueva York: miembros del jurado, testigos, abogados, etc. Van a hacer sus «ofrendas de hechos» al templo de la justicia.

Por todas las dependencias del edificio pueden verse grupos de testigos recibiendo las últimas instrucciones de los abogados. Los jueces preguntarán al letrado qué hechos han sido presentados en justificación del caso que ha de someterse al jurado. Los representantes de las partes pedirán a éste que infiera sus conclusiones a tenor de la evidencia de los hechos. La ley sólo puede ser alegada y administrada en consonancia con los hechos.

Aun cuando no siempre el éxito acompañe al empeño el juicio moderno es considerado como una ordenada, disciplinada indagación de la verdad. Pero de la misma manera que los hombres no siempre han seguido idéntico camino para hallar la verdad, así tampoco el procedimiento judicial ordenado a tal fin ha sido el mismo en todas las épocas. El juicio, por ende, como investigación de la verdad constituye un excelente barómetro del grado de racionalismo y civilización alcanzados por cada comunidad.

Cuando los hombres viven en estado salvaje, la ley adopta la técnica primitiva: la ley de Lynch o la witch hunt. Los pueblos deterministas, que depositan su fe en los milagros, la intervención divina y los poderes sobrenaturales, recurren al juicio por ordalías, compurgación o batalla, para encontrar la verdad. A medida que los hombres llegan a la madurez en su evolución social, y se proclama la preponderancia de la razón, de la libre voluntad y del método e indagación científicos, se adoptan módulos racionales de prueba en reconstrucción de los hechos. Y cuando por último, las instituciones se tornan decadentes y se apartan de la realidad, entonces el proceso adopta la forma de una incomprensible, fantasmagórica experiencia, cual la descrita en el juicio de Kafka.

Hace ocho o nueve siglos en Europa se recurría a las ordalías, como procedimiento infalible para determinar la culpabilidad o la inocencia de un acusado. La teoría en que tal institución descansaba no era otra sino que el Todopoderoso revelaría la verdad sobre la acusación, con tal de que se le invocara en debida forma. Cualquiera que fuese la cosa pedida, el inocente siempre conseguiría la ayuda de la Divinidad. El profesor Wignore señala que en una u otra fase de su historia todos los pueblos de la tierra han conocido las ordalías, como piedra de toque de la verdad. Y aun hoy, muchos indígenas, en África, continúan creyendo en su eficacia.

Las ordalías del agua hirviendo, del fuego y del hierro candente eran las más frecuentemente empleadas. La primera consistía en que el acusado era exhortado a introducir la mano en un recipiente llenó de agua en ebullición, y aun a veces a extraer una piedra del fondo del mismo. Se le envolvía después la mano en unos lienzos, que eran sellados por el juez o sacerdote, que oficiaba en la ceremonia. Tres días más tarde eran retiradas las envolturas, y se procedía a examinar la mano: si la llaga aparecía limpia, como por disposición del Cielo, el acusado era declarado inocente, en caso contrario, se le consideraba culpable.

El procedimiento probatorio actual acentúa fuertemente la racional investigación de la verdad. Sin embargo, no debe de deducirse que el mismo haya sido originado por un más arraigado propósito de administrar justicia, o que aún hoy su exclusiva función y resultado final sea la dispensación de ésta. Originariamente y todavía hoy en las sociedades menos civilizadas, las contiendas se resolvían en una lucha entre individuos o entre clanes vecinos, y en ocasiones, por la venganza o juicio de sangre. Estas prácticas conjugaron la noción de la propia ayuda con la motivación de la vindicta. Y posteriormente fueron reemplazadas por un procedimiento en el que se combinaba la compensación del daño sufrido y un proceso regulado y metódico.

Así, allí donde se sufría un daño por un particular, la realidad aconsejó cambiar el castigo del dañador por la compensación al perjudicado. Y con el desenvolvimiento de la maquinaria estatal, llegó a hacerse inconcebible que los conflictos privados hubieran de dirimirse por la fuerza. La existencia del Estado moderno presupone en el Gobierno la fuerza física suficiente para la ejecución de sus mandatos En su consecuencia, el desarrollo y emergencia de los Tribunales de justicia no es otra cosa que una necesaria derivación de la emergencia de una formal estructura del Estado.

Sin embargo, la substitución del procedimiento probatorio self-help en orden a conseguir una resolución pacífica del conflicto, bien pudiera haber sido aconsejada por el simple deseo de la comunidad de evitar su propia destrucción. Pues, ni que decir tiene que los desenfrenados impulsos de venganza conducirían a los clanes o comunidades a su desaparición. Se dice que el gran moralista Mahoma adujo esta razón, al prohibir los juicios de sangre. De aquí que en la actualidad la función primordial de los Tribunales de justicia sea la resolución pacífica de los conflictos.

VI.
LA MAYOR PARTE DE LOS LITIGIOS SON CONTIENDAS PRIVADAS

El juicio, con o sin jurado, no se acepta universalmente como el medio más eficiente de averiguar los hechos. El proceso resulta generalmente gravoso para el demandado.

Esta puede ser la causa de que inarticulada, quizás inconscientemente, la ley haya procurado colocar una pesada carga sobre la parte actora, que se valdría del proceso para conseguir tutelar sus derechos a expensas del demandado. O, será tal vez que el proceso moderno tiende a perpetuar aquellas salvaguardas establecidas para proteger al demandado individual de los tiranos y opresores, que acudían a los Tribunales en demanda de crueles y sucios objetivos.

Así se explica que el reo en causa criminal sea prejuzgado inocente. Las normas, aplicadas de igual manera en lo civil que en lo criminal, y tendentes a la exclusión de la evidencia, aun cuando no dictadas directamente para favorecer al demandado o al acusado, según los casos, suponen no obstante una traba para la parte actora. Sobre ésta pesa usualmente lo que se ha dado en llamar la carga de la prueba. Consiguientemente, por lo menos el impacto inicial de nuestras normas procesales es sufrido por el actor.

En su libro «Courfs on Trial», Jerome Frank dice que el litigio es «a modo de un combate». Pocos jueces rechazarán tal punto de vista. Si Smith demanda a Jones con motivo de un contrato, y el demandado niega su existencia, corresponde a Smith convencer al jurado que efectivamente Jones contrató con él. En realidad, se trata de una lucha entre ambos, en la cual la ley no toma parte. Si Smith se descuida en realizar su tarea (esto es, probar el hecho constitutivo de su derecho), el veredicto será favorable a Jones. En los encargos que suele hacer el juez al jurado, les previene siempre que si la evidencia acerca de los hechos alegados no es completa, el veredicto habrá de ser favorable al demandado.

En materia civil la parte sobre la que recae la carga de la prueba debe de demostrar su versión de los hechos, mediante una clara preponderancia de la evidencia. En un caso criminal, el acusador ha de probar que el acusado es culpable sin duda de ningún género. La carga de la prueba ha sido descrita como «la asignación del riesgo de la no persuasión».

Muchos culpables han sido absueltos precisamente por esto, porque la prueba incumbía al representante de la comunidad. No existe duda alguna acerca de este principio. Dice Blackstone que para la ley «es preferible que queden sin castigo diez culpables, antes de que se condene a un inocente».

Existen muchas razones que justifican las reglas y procedimientos tendentes a excluir la evidencia, que serían consideradas como relevantes en nuestros cuotidianos quehaceres. Nacen unas de la necesidad y otras son impuestas por las realidades. Aquella dicta que la fase probatoria del juicio no puede prolongarse «sine die». Todos los elementos del juicio convergen sobre un punto fijo: la Sala; y en un tiempo determinado: la fecha de su celebración. Operaciones a largo tiempo practicadas, que han exigido tal vez varios años en su realización, han de reconstruirse oralmente en la Sala en sólo unas horas o unos días, a lo sumo. Las reglas aludidas tienden a hacer posible la exposición de lo que una costosa experiencia ha revelado ser lo esencial en la mayoría de los casos.

Una representación teatral no difiere de la reconstrucción judicial de los hechos. Limitaciones de tiempo y espacio exigen la exclusión del material de instrucción y esparcimiento. El espectador puede quejarse que un tema se ha representado inadecuadamente o que a un carácter prometedor se le ha asignado un papel secundario. El director de escena no puede levantar el telón y hacer que los actores representen para él solo aquella escena o cuadro.

A los miembros del jurado no les es dado alegar la imposibilidad de pronunciarse adecuadamente sobre el caso, ante la deficiente evidencia que se le ha ofrecido, ni manifestar que preferirían conocer un rasgo o detalle, que se descuidó, del testimonio practicado, o que un testigo ocular, cuyo nombre ha sido mencionado, pero no acudió a testimoniar, comparezca en la Sala, o pedir la comprobación en un laboratorio del material defectuosamente exhibido. Practicada la prueba por ambos litigantes, el telón ha caído tras ella. Ninguna otra inquisición o escarceo probatorio será permitido. El jurado puede entonces demandar del juez instrucciones acerca de la norma legal aplicable al caso, pero en modo alguno le es permitido solicitar la práctica de una prueba adicional.

En un juicio por jurado, al menos, no existe otra alternativa. Una prueba adicional precisa tiempo para proponerla; unos testigos adicionales exigen tiempo para procurarlos. Los miembros del jurado sirven solo por un período definido: una semana, dos, un mes a lo sumo. La prestación de este servicio supone para muchos un considerable sacrificio personal, ya que a menudo encuentran enormes dificultades en compaginar sus negocios y quehaceres domésticos con el cumplimiento de este deber.

No podría ni pensarse en exigirles que volvieran repetidas veces, después de haber expirado su turno, sólo para oír un testimonio adicional. Además de que resultaría contraproducente reunirlos tras de largos intervalos, exigir de ellos que retengan en la memoria la madeja de las pruebas y que dicten por último un veredicto en cohesiva unidad. Un juez de ordinario, goza de más amplio arbitrio en un caso sin jurado (esto es, en los llamados de equidad).

Se vio ante mí en cierta ocasión un litigio, en el que el actor demandaba a un fabricante de instrumentos de precisión, reclamándole 200.000 dólares. Alegaba el actor que era «ingeniero de negocios» (¡sólo él sabría lo que esto significaba!), y que había sido contratado por el demandado durante la segunda guerra mundial, como consejero-asesor, en la administración del departamento de asuntos bélicos. Que se había estipulado que percibiría un cinco por ciento del importe total cobrado por la Casa demandada en cuentas operaciones hiciera.

Admitía haber percibido del demandado 25.000 dólares, mientras que los ingresos de la Empresa por el concepto indicado ascendían a 4.500.000 dólares. Reclamaba en realidad los 200.000 dólares restantes.

El actor no poseía ninguna experiencia o conocimientos especiales, que le habilitaran para un trabajo tan remunerativo, como el que decía haber prestado al demandado. En unas cortas, pero bien meditadas preguntas que le hizo el letrado de la parte demandada, no se aludió para nada a tales conocimientos.

El Director de la Empresa demandada declaró que lo convenido fue pagar al actor 25.000 dólares en números redondos por sus servicios, como consejero del departamento de ventas al Gobierno.

Sólo dos personas testimoniaron: actor y demandado. Aparentemente, ambos estaban de acuerdo en que quedara al criterio del jurado la decisión de un asunto en el que se debatían nada menos que doscientos mil dólares, sin suministrarle otra evidencia que las versiones contradictorias de los litigantes

Esta conformidad de las partes me hizo concebir sospechas, las cuales aumentaron por la manera como ambos letrados, los dos competentísimos, se habían comportado en el interrogatorio.

De ordinario respeta el juez, la forma en que el abogado conduce el caso de su cliente, y se abstiene de dirigir preguntas a un testigo, para no perjudicar la estrategia probatoria del letrado. En el caso presente, no obstante, debido a mis sospechas, no sentí escrúpulo alguno en intervenir. El jurado esperaba algo que le ilustrara acerca de si lo convenido había sido 25.000 dólares o 225.000 dólares.

Llamé de nuevo a los litigantes a declarar. Mi escepticismo aumentaba, pero se hizo alguna luz sobre el punto principal a esclarecer.

—¿Qué experiencia o conocimientos posee usted sobre la fabricación de instrumentos de precisión? —pregunté al actor.

—En ese aspecto, ningunos —contestó.

—¿Tiene usted experiencia en la fabricación de instrumentos similares?

—Tampoco. Fui contratado por la parte demandada sencillamente porque conocía los «trucos» a emplear para conseguir encargos del Gobierno.

—¿Para efectuar los contratos o para conseguir los encargos? —le pregunté.

—Oh, no, juez, para efectuar los contratos. Yo nada tenía que hacer con respecto a la obtención de encargos.

—¿Cuando usted discutía su probable empleo con el actor, le preguntó usted algo relativo a sus conocimientos o pericia? —pregunté al Director de la Casa demandada.

—Probablemente —dijo.

—¿Qué le contestó él?

—Realmente no lo recuerdo ahora, juez. Esto fue hace años. Lo único que recuerdo es que estaba muy bien recomendado.

—¿Por quién? —pregunté.

—Ahora el nombre tampoco lo recuerdo, juez.

Terminó el interrogatorio, y el caso pasó al jurado. Este resolvió en breve, dictando un veredicto favorable a la parte demandada. Al jurado no se le había exigido averiguar la verdad del caso. En aquella cuestión en modo alguno podría dar un veredicto. Alguien del jurado me dijo más tarde que ellos habían sospechado que el actor era una persona que interponía su influencia para obtener encargos del Gobierno, mediante una recompensa igual al 5% del importe total de los encargos conseguidos. Debido a ello decidieron, muy correctamente por cierto, que no era de su incumbencia si las partes habían celebrado un contrato ilegal por 25.000 dólares o por 225.000 dólares. Era bastante para el jurado que el actor, a quien correspondía probar el precio por el que se convinieron sus servicios, se había descuidado en demostrar la evidencia del hecho.

Si el lector en aquella ocasión hubiera formado parte del jurado, tal vez hubiera optado por dirigirse al juez en estos términos:

«Nosotros no somos capaces de decidir cuál fue en realidad el precio estipulado por los litigantes. Sobre tal extremo no podemos aceptar la versión de ninguno de ellos. Nos complacería que dispusiera usted que el caso quedara pendiente por unas semanas, y entre tanto se practicaran ulteriores diligencias probatorias. Preferiríamos oír al Gerente de la fábrica en relación con la clase de servicios que allí prestó el actor, si es que prestó algunos, leer los contratos pactados con el Gobierno y estudiar sobre todo las dificultades que pudiera entrañar su redacción, oír a los funcionarios de Washington, que otorgaron los contratos en cuestión, etc., etc.».

O bien: «Juez, la evidencia no se inclina a ninguna de las dos partes, y en tal situación, nosotros no podemos decir cuál de ellas está diciendo verdad. ¿Qué le parecería declarar un empate y dar a los muchachos la oportunidad de un segundo «match» dentro de dos semanas?»

En la práctica los miembros del jurado nunca aprecian el empate. Ellos siempre se deciden o por el actor o por el demandado. Sin embargo, actuando colectivamente, hay ocasiones en que por desacuerdo entre ellos, ha de echarse mano de esta medida extrema. Unos persisten en votar por el actor, otros por el demandado; en cuyo caso han de ser descargados del servicio, y se ordena una nueva vista ante un nuevo jurado. Considerando la dificultad de obtener un grupo de personas con diferentes criterios y prejuicios, que coincidan en un determinado punto controvertido, el insignificante incidente de los jurados suspendidos resulta regocijante.

Otra importante característica del juicio angloamericano afecta a la obligación de las partes de producir la prueba. Esto constituye su carga, en un opuesto concepto del litigio. Es esta la teoría de la propia ayuda en los juicios. Si el letrado de una parte es menos diestro que su adversario, presentará la evidencia de los hechos de su cliente de manera más pobre y menos favorable. Su patrocinado se hallará, de ordinario, en una situación de desventaja, al modo que lo estaría, si el encargado de su fábrica produjera un artículo de calidad inferior al de sus competidores, o si su agente de ventas presentara sus productos de forma menos llamativa, al hacer la propaganda.

En esta contienda, el Estado ha sido totalmente relegado a la función de proporcionar el estadio y los árbitros; de registrar, substanciar y decidir la contienda, y de intervenir, si acaso, en la misma, en forma no partidista. Tal papel pudiera ser aceptado superficial, aun cuando no justificadamente, en un pleito civil, por aquello de que el Estado nada arriesga en él, y de que en asuntos relativos a la propiedad, y no a la sociedad, no osaría un juez arrancar el caso de las manos de las partes contendientes, las que, además del interés que para ellas supone, pueden estar esperanzadas en la exposición y defensa de sus derechos. Esto indica que la sociedad no asume peligro alguno, al administrar justicia en las disputas surgidas entre dos o más miembros, aun cuando las cuentas corrientes de los mismos, no las del Estado, sean afectadas por el resultado.

Pero ¿qué decir cuando sufre un accidente un obrero, cuya familia no cuenta con más medios para atender a su subsistencia que el salario de aquél?; ¿qué, respecto a las cuestiones matrimoniales, cuando pende en la balanza la custodia de los hijos? Muchos otros tipos de litigios privados afectan de manera directa a las más comúnmente reconocidas responsabilidades de la comunidad.

Este concepto de «lucha privada» ha llegado incluso a invadir extensas áreas del proceso en las causas criminales. Ningún Fiscal perseguiría a un acusado, a sabiendas de que es inocente. Pero pocos serían los que se esforzaran en hallar la evidencia que exculpa al reo, con el mismo celo y tenacidad con que indagaría la que lo condena. Y una vez se abre el juicio oral y público, se sigue la pauta del combate privado. Cierto, que pesan sobre la acusación ciertas restricciones, y que el principio «in dubio pro reo» cobra vigor. Pero a pesar de todo, el acusado se encuentra en situación de inferioridad, si el acusador es más hábil y diligente que la defensa, muy en especial, si la ambición aguijonea al primero. Dispone, en efecto, el Fiscal da facilidades para la investigación, y de una preparación, con las que la parte acusada en manera alguna puede contar. Un Fiscal ambicioso, inconscientemente, razonará su propia catilinaria sobre los derechos humanos; mientras que por el contrario, el reo resultará ganancioso por la indiferencia o la inexperiencia de dicho funcionario.

La Corte Suprema de los Estados Unidos ha definido así la obligación del Fiscal, en orden a proteger al inocente, así como a perseguir al culpable:

«El Fiscal de los Estados Unidos es el representante, no de una fracción cualquiera en una contienda, sino de una soberanía, cuya misión es gobernar imparcialmente, y cuyo interés, por ende, en un asunto criminal, no estriba en ganar un caso, sino en hacer justicia. Como tal, es él en un sentido peculiar y muy determinado el servidor de la ley, cuya doble meta consiste en que ni el delito quede impune ni la inocencia sufra castigo. Puede él acusar con celo y vigor; al menos debiera de hacerlo así. Es su deber abstenerse de métodos inconvenientes, muy a propósito para producir una convicción inicua, y echar mano en cambio de cuantos medios legítimos puedan conducir a un criterio justo.»

Estas palabras definen un ideal, por desgracia, no siempre perseguido en la práctica.

Hay ocasiones en que el juez se siente impulsado a inmiscuirse en esta lucha privada, que el litigio implica. Los problemas se plantean desde el momento en que el juez se aventura a cruzar la línea que marca la tradicional división de trabajo entre abogados y juez. Por una parte, es el juez quien saca el caso de las manos de los letrados. Por otra parte, el juez es estrictamente un árbitro, y como tal, ha de regular y decidir las jugadas, pero nunca tomar parte activa en el juego.

Los abogados de la escuela del pensamiento del «laissez-faire» no sólo ponen en duda la facultad del juez para intervenir activamente en el juicio, sino que niegan que pueda hacerlo. Y señalan con alarma a los jueces franceses, que a veces preguntan a los testigos con la misma virulencia y acritud que pudiera hacerlo en Inglaterra o en América el abogado de la parte adversa.

Es aceptado como regla general que el juez tiene poder para procurar la evidencia del caso debatido, y este poder devendría una entelequia, sino pudiera ejercitarlo de manera razonable. Los Tribunales han rehusado sancionar la reducción del juez al papel de árbitro de un indecoroso combate entre la habilidad y la ignorancia.

O como dice Edmund Burke: «Un juez no está colocado en aquel estrado simplemente como instrumento pasivo de los contendientes. Tiene él una responsabilidad: investigar la verdad».

Mas, sinceramente, no existe precepto legal alguno, que apoye esta facultad del juez de tomar parte activa en la producción o presentación de la evidencia.

Además, lo más probable es que las preguntas del juez resulten prosaicas e inocentes por demás: tenderán ellas a suplir omisiones técnicas, tales como la identificación de las firmas de un contrato, la prueba del envío por correo de facturas o citaciones, y otros extremos análogos, subsanando así los descuidos de letrados bisoños e inexperimentados.

¿Pero si un letrado sin experiencia es incapaz de formular una conveniente pregunta hipotética o de habilitar a un testigo experto que señale el precio en venta de las mercancías averiadas, tolerará el juez tal ineptitud, y el caso de su cliente habrá de darse irremisiblemente por perdido, a causa de ello? Ni que decir tiene que cualquier juez intervendría en tales supuestos, haciendo lo posible por salvar la evidencia tan malparada por la impericia del letrado.

Los escrúpulos más serios se presentan cuando posee el juez conocimientos especiales, que le obligan a poner en cuarentena la declaración de un testigo. En tal hipótesis, no le cabe más que esperar a que el letrado adverso, al formular las repreguntas ponga en evidencia la declaración. Pero si éste descuida hacerlo así, surge el dilema. La mayoría de los jueces optarían por interrogar al testigo, para que la injusticia no se consumara.

VII.
JUICIOS Y TRIBULACIONES

La investigación legal de los hechos en el litigio se ha venido procurando sea cada vez más comprensiva, digna de confianza y acorde con la realidad. Pero el progreso realizado ha sido lento y cauteloso. Últimamente ha supuesto una importante conquista la desviación del centro de gravedad del proceso hacia la preparación prejudicial. Aun cuando lentamente, lo cierto es que la substanciación del litigio progresa de continuo, desde el momento en que la demanda y la contestación han entrado en el Juzgado. El litigio, pues, ha estado en constante progreso durante todos los meses, y aun años, que ha durado la preparación prejudicial.

Los Tribunales vienen procediendo con creciente liberalidad, al exigir a las partes que se informen recíprocamente de cuanto en substancia constituye sus respectivas pretensiones. Se tiende así a que el juicio deje de ser un juego de astucia y se transforme en una más seria investigación de la verdad.

Algunos Tribunales, especialmente los federales[1], conceden a los contendientes en los procesos civiles un amplio examen, antes de la

[1] Existen en los Estados Unidos dos clases de Tribunales: 1) «los del Estado», que ejercen plena jurisdicción dentro de sus respectivos límites territoriales, salvo aquella que la Constitución reserva a los de la Federación, o niega de manera explícita o implícita a los Estados. Estos, por medio de sus Constituciones respectivas o leyes locales, determinan la organización de sus Tribunales (de aqui que ésta varié en cada Estado) y el grado de competencia de los

proposición y práctica de la prueba del adversario, sobre todos y cada uno de los puntos del debate. No se vacila, pues, en conceder a la parte cierta licencia para una expedición de pesca, en orden a los diversos extremos del caso del contrario. Son innumerables los asuntos que hoy se ganan, se pierden o se transigen por mor de estos descubrimientos prejudiciales.

Se tiende a nivelar en los litigios las ventajas de la superioridad técnica o de la preparación individual de los letrados. Los hechos constituyen el objeto del proceso, no el abogado. Y la función de la prueba estriba en evidenciar los hechos, con independencia de la ineptitud o de la excelencia profesional.

El área de discusión, en la esfera civil, se va estrechando, hasta tal punto que ya no existe tan amplio campo ni tan grande necesidad de las brillantes maniobras de los expertos abogados. Y paralelamente se ha reducido el área de lo desconocido. El juicio pierde muchos de sus aspectos de juego. Yo creo que la era romántica del letrado está tocando a su fin, y que nunca más revivirá con la espléndida belleza de la retórica del siglo XIX.

El mismo juicio acabará siendo, no otra cosa, que un ensayo de laboratorio de los hechos suministrados por las partes. Se reducirán a un mínimum las sorpresas, las lagunas de la evidencia, las dudas que intrigan. El riesgo que supone la necesidad de terminar el juicio en un lugar determinado y en un

* * *

Otro ejemplo de la preocupación de la ley en limitar la prueba a la evidencia susceptible de confirmación, es la conocida regla de hearsay (oír decir). La evidencia del hearsay se define como «la evidencia de la existencia de un hecho, basada, no en el propio conocimiento u observación personal del testigo, sino en lo que éste oyó decir a un tercero». El testigo usualmente declara que él oyó que alguien

---

mismos. - 2) «los federales», o sea, de la nación, que sólo tienen la jurisdicción especial, que la Constitución y leyes del Congreso, expedidas de acuerdo con aquélla, les señalan en el territorio de la Federación, pero según sus respectivas circunscripciones. —» N. del T.plazo fijo e ininterrumpido disminuirá notablemente con las investigaciones pre-judiciales. Los límites de tiempo y lugar se ensancharán.

relataba un hecho relacionado con las conclusiones del asunto de que se trata; y este testimonio es ofrecido como prueba de tal hecho.

La razón tradicional para excluir esta clase de evidencia es la tendencia a que la declaración del testigo se preste bajo juramento, y de forma contradictoria, esto es, en presencia de la parte contraria, que podrá repreguntar al testigo. La facultad de comprensión, la memoria y la facilidad de expresión del mismo puede fallar. Pero al interrogársele, se puede avivar su recuerdo y despertar su disposición para decir verdad, debiendo observarse su comportamiento al hacerle tanto las preguntas directas como las repreguntas. Esta posibilidad de poner a prueba la credibilidad del relato atribuido a una persona ausente, no existe. Y puede tratarse de un carácter irresponsable. Puede que sea víctima de ciertos prejuicios obsesionantes. Su facultad de percepción y su memoria serán tal vez escasas. Puede que se trate de una jactancia, de una exageración o de una mentira. Por último, hasta pudiera darse el caso de que él se haya limitado a referir lo que a su vez oyó a otra u otras personas desconocidas. La ley cierra herméticamente sus puertas a tan sospechosos testimonios.

Hay ciertas excepciones, no obstante, a la regla del hearsay. La ley es flexible y realista, y tiende a acomodarse a las circunstancias, satisfaciendo las exigencias de cambio de tiempos y condiciones. Y así, los asientos hechos en los libros de cuentas, que se acostumbran a llevar por los comerciantes, son admisibles bajo ciertas circunstancias, como medio de prueba, aun cuando hayan sido escritos por personas distintas de las que comparecen a prestar testimonio. En tal caso la rigidez del principio se ha mitigado, por dos razones:

Primero, por razón de necesidad. Los pleitos mercantiles exigen la presentación de los libros de contabilidad. Y sería casi imposible determinar qué empleado hizo cada anotación, para traerle a declarar al Juzgado. Segundo, la experiencia ha demostrado la exactitud de tales asientos, cuando se han hecho al verificarse la operación mercantil a que se refieren, o en un tiempo razonablemente próximo a la misma. Y ello es explicable, porque al tiempo de anotar la operación, es de presumir que no existía motivo para falsear los hechos, antes bien, el deseo dominante sería conseguir la mayor exactitud.

A pesar de lo dicho, lo mismo los legisladores que los Tribunales han rodeado la admisión de esta prueba con toda suerte de garantías.

Y tales preceptos de la ley son nacidos de la común experiencia, no de la imaginación calenturienta de los jueces.

En el curso de una vista que se celebró en la ciudad de Nueva York, investigando la conexión existente entre las condiciones políticas y locales del delito, se preguntó al Fiscal del distrito, que ocupaba la plataforma de los testigos:

—¿Ha oído usted que Moran... en la campaña «pro alcaldía» de 1948-1949 se dedicó a visitar los garitos de estos alrededores, exigiendo a sus dueños una contribución económica para ayudar a la candidatura de O'Dwyer..., recaudando de tal forma una crecida suma?

—Yo he oído habladurías sobre el particular —contestó el Fiscal.

Ni que decir tiene que es casi imposible refutar esta contestación. Un rumor se engendra por las referencias de muchos. ¿Qué testigos se van a presentar para contradecir una inferencia que tiene su origen en tales habladurías?

Pero además de otros defectos legales, el ejemplo citado ilustra los peligros inherentes a toda declaración por oídas. En el caso citado se rumoreaba que se exigían crecidas sumas a los propietarios de garitos, como contribución para financiar una campaña electoral. ¿Cómo se puede refutar este rumor? Sería bastante difícil si los dueños de los garitos que hicieron las supuestas contribuciones hubieran sido nombrados por el testigo. Claro es que el acusado podría por lo menos producir la misma prueba que su contrario, como si las personas nombradas hubieran comparecido y testimoniado la exactitud del hecho; sólo que él no podría, no tendría la oportunidad de enfrentarse y repreguntar a sus acusadores. Sin embargo, el único medio para aclarar la cuestión, habría de consistir en traer a cada uno de los aludidos industriales de Nueva York, para que declararan ante el Juzgado, cosa ciertamente imposible.

Miles de opiniones se han escrito, rechazando y desenvolviendo tales reglas de exclusión, ampliándolas o restringiéndolas. La regla del hearsay ha sido igualmente combatida y defendida, amarga y esforzadamente en todos los tiempos.

Si el lector acudiera al Juzgado a oír la exposición de cualquiera de estas reglas, al ser razonadas, durante la vista, posiblemente experimentaría la sensación de algo técnico y extravagante. Y, a pesar de ello, como hemos observado antes, son ellas el producto de nuestro común sentido y experiencia, y reflejan en gran medida la evolución del propio pensamiento del lector, a tal respecto.

Los esfuerzos tendentes a desterrar estas reglas están siendo puestos en tela de juicio. Aparecen injusticias en los procedimientos no judiciales de determinados departamentos administrativos, tales como el National Labor Relations Board[1], el Board of Tax Appeals[2], etc., etc., los cuales actúan sin sujección al conjunto de reglas de índole restrictiva y tutelar, desarrolladas en el decurso de los años por los Tribunales.

Existe, en efecto, creciente preocupación por restringir la actuación de estas jurisdicciones especiales, preocupación nutrida por el desagrado público con innumerables ejemplos de entuertos e indignidades cometidos por las mismas. Los argumentos que se alegan para su reforma no difieren de aquellos que movieron al derecho angloamericano a tomar cartas en garantía del demandado: extrañamente similar es la pugna acerca de si los procedimientos no judiciales se prestan a abusos por parte de funcionarios excesivamente celosos y encariñados con el poder.

Resultaría irónico que los procedimientos administrativos y extrajudiciales hubieran de seguir en parte, al menos, las huellas marcadas por la ley en busca de unas normas protectoras, que han sido hasta ahora menospreciadas, como inadecuadas y anacrónicas.

El derecho es un organismo vivo, progresivo, que impulsa y recibe impulso a su vez, de otras fuerzas en el mundo. Sería interesante, a este respecto, seguir las valiosas orientaciones de la psiquiatría sobre el proceso judicial. La medida en que la ley aceptara tales orientaciones podría ser paralela al grado de general y pública aceptación de la validez y firmeza de las conquistas psiquiátricas.

Los jueces, empero, aún le abren la puerta a medias y miran con escepticismo los vacilantes pasos de esta joven agresiva ciencia. Razo-

[1] Junta establecida por la ley del Congreso de 5 de julio de 1935, para regular las relaciones entre patronos y obreros. - N. del T.

[2] Creado por el Congreso para conocer las inconformidades promovidas por los contribuyentes contra resoluciones dictadas por las Oficinas de ingresos interiores.- N. del T.

nado dictamen puede ella proporcionar, sin embargo, acerca de si un testigo posee el mínimum de facultades y de inteligencia requeridas, en orden a que se le considere apto para declarar. ¿Se da cuenta el testigo de lo que dice, y ha llegado a percatarse de la obligación que importa un juramento?

El testimonio médico es recibido, cuando el estado de salud mental de una parte puede ser de decisiva influencia en el pleito; así, por ejemplo, cuando se trata de dilucidar la capacidad del testador, para otorgar su última voluntad. Pero no se acepta con igual unanimidad el empeño de la psiquiatría en desautorizar lo que bajo juramento ha manifestado el testigo. Temen, en efecto, algunos jueces que si a uno de los litigantes le fuera dado presentar tal testimonio pericial, para enervar la declaración de un testigo, la parte contraria podría valerse de idénticos medios para contradecirle y sustentar la normalidad de la persona tachada. Y de repetirse esto con un cierto número de testigos, tales incidencias, de orden secundario influirían notablemente en el principal objeto debatido, induciendo al jurado a confusión. El juicio se prolongaría además indefinidamente.

Las dos recientes causas de Alger Hiss por perjurio, que han sido ampliamente difundidas, ilustran las vacilaciones y el tormento que para el juez supone el desarrollo de toda regla de evidencia. La defensa presentó a un eminente psiquiatra, que no había examinado a Whittaker Chambers, principal testigo de cargo, presentado por la acusación. Se había limitado a observarlo en la Sala, durante todo el tiempo invertido en prestar su declaración. El juez, en el primer juicio celebrado no admitió el testimonio del psiquiatra. En un segundo juicio, y en circunstancias similares, un juez distinto permitió al galeno dictaminar acerca de las anormalidades que incapacitaban como testigo a Chambers.

Este juez admitió tal testimonio, basándose en que el grado de credibilidad que hubiera de concederse a este testigo era uno de los más importantes extremos sobre los que debía de pronunciarse el jurado. Es la exclusiva misión del jurado determinar la credibilidad del testigo. Sostuvo, pues, este juez que «la existencia de locura o desequilibrio mental es admisible, al objeto de desautorizar un testimonio».

Muy instructiva en relación al problema de la aceptación judicial de los procedimientos científicos, es una frase del memorándum redactado por este juez, en apoyo de su tesis. Comentando un caso del Tribunal del Estado, que sostenía lo contrario, decía él: «Esto ocurría en el año 1921. Muchos años antes de que la importancia de la psiquiatría hubiera sido reconocida».

Por bien definidas y claras que sean las normas legales a aplicar, hay siempre incertidumbre en cuanto al éxito de un juicio. En tanto que unos hechos se enfrenten contra otros, el resultado será obscuro. Hay muchos factores, incluyendo la personalidad, la experiencia, el desarrollo intelectual, la integridad, los prejuicios y otras muchas cualidades de los seres humanos, que influyen sobremanera: abogados, jurado, jueces, testigos... Puede darse perjurio y tergiversación de la evidencia...

Unos jueces y miembros del jurado aprecian los hechos de una forma, otros de distinta. Un experto abogado presentará el caso a través de un prisma más luminoso que otro dotado de menos habilidad.

Algunos preceptos legales serán admitidos por el jurado, otros en cambio serán rechazados. Unas reglas pueden ser bien interpretadas, otras serán en cambio mal entendidas

Hemos recorrido un largo camino desde el «juicio de sangre» y las «ordalías». Mas para el hombre del futuro nuestros conceptos procesales puede que aparezcan tan insensatos y primitivos como a nosotros nos parecen las «ordalías». Solo un hombre audaz se atrevería a predecir lo que nos reserva el futuro sobre el particular. Y puede decirse mucho, sin embargo. Si las ciencias físicas y sociológicas cumplen sus promesas, y cuando los resultados de estas ciencias sean aceptados por los Tribunales, la posibilidad del fraude y el factor «azar» serán materialmente reducidos. Habrá pocas sorpresas y el juicio será verdaderamente el medio a través del cual las partes podrán tutelar los derechos que les son garantizados por la ley.

VIII.
INTERVENCIÓN DEL JUEZ EN LA CONTIENDA

Suelen distinguirse los letrados por su aprecio y deferencia para con los jueces. Sin la menor intención adulatoria, la mayoría de ellos nos hacen objeto de la más grande consideración y respeto. Esto parece como que lo requiere el cargo, pues si los abogados reverencian la ley, el juez es el oráculo de la misma. Pero gran parte de este respeto ha de conquistarlo el juez con su actuación. El abogado se muestra complacido, si encuentra carácter, percepción y cultura en un juez, porque así, el juez encumbra y prestigia una función de la que el letrado se siente tan orgulloso. Y de igual manera, el juez, como miembro de una profesión legal se siente halagado, al reconocer tales prendas en un letrado.

Pero, sin perjuicio de la amabilidad que pueda caracterizarle, hay ocasiones en que el juez ha de proceder con dureza. El juez Learned Hand no ha mucho tuvo ocasión de decir: «La justicia puede destruirse con igual facilidad con la debilidad que con el despotismo del juez; el juicio imparcial exige una mano firme y la constante determinación de dar a cada uno lo suyo».

El juez ocupa una posición singular en relación con los abogados. Bajo un aspecto, es su compañero de trabajo, uniéndole a ellos una gran comunidad de intereses, experiencias y puntos de vista. Bajo otro aspecto, se conduce a conveniente distancia de los mismos, algo así como un sacerdote, con respecto al creyente.

No obstante acumularse en su persona, en el orden legislativo y profesional, una suma de poderes raras veces concedidos a ningún ser humano, el juez procede con ponderación en medio de los esplendores y franquicias de su cargo. En su sala tiene facultades aún mayores que el propio Presidente. Cualquier espectador puede con impunidad lanzar un epíteto agrio contra el Presidente. Mas quien quiera que así se dirigiera al juez en la Sala sería multado o encarcelado por menosprecio de la justicia. Todos se ponen en pie, cuando él entra, los letrados respetuosamente, los demás, con cierta timidez. Parece como si poseyera una doble personalidad, que le hace manifestarse al mismo tiempo familiar y reservado con los abogados.

La mayor parte de los jueces con quienes trato, muestran una especial predilección por la celebración de las vistas. No se enfrentan allí con hechos reducidos a memorándums o documentos, sino que asisten a la reconstitución de escenas de la vida real, a cargo de los testigos. Y allí entran en íntimo contacto con sus camaradas de profesión: los abogados.

Pero hay jueces que prefieren la calma de las bibliotecas a la brega de los juicios. El juez en éstos, ha de resolver sobre la marcha importantes incidentes y pegas, que más tarde puede que entretengan durante meses e incluso dividan a los miembros de un Tribunal de apelación. Ha de tener prestos recursos suficientes para llamar al orden a quien lo altere y suavizar situaciones explosivas. A algunos jueces falta carácter para actuar felizmente en tal atmósfera.

O bien no sienten entusiasmo por contribuir en la búsqueda y puntualización de los hechos, ora en cooperación con el jurado, o bien solos, en los casos en que no es exigida la actuación de éste. Hay razón bastante para apartar al juez de una participación activa en la investigación de los hechos. Yo me he propuesto a mí mismo una cuestión, a propósito del caso siguiente:

Una importante Casa de Banca presentó demanda con motivo de un pagaré librado por un pequeño comerciante. Este había muerto, y la viuda, como representante del acerbo hereditario compareció como demandada. Al Director de la Sucursal del Banco, que había hecho el préstamo, le había unido, en vida del comerciante, una gran amistad con él. El difunto había mantenido una modesta cuenta corriente por muchos años con el Banco, y el Director de la Sucursal, tal vez por eso, accedió faltando a su deber, a mantener el préstamo en descubierto, sin renovar el pagaré de vez en cuando. La viuda se opuso a la demanda, excepcionando que la deuda había prescrito, de acuerdo con el «estatuto de las limitaciones».

Está fuera de duda que en Nueva York tales operaciones prescriben a los seis años. De manera que la demanda ha de desestimarse en virtud del llamado «estatuto de las limitaciones», que descansa en la teoría de que al demandado habría de resultarle bastante difícil procurar la evidencia suficiente para enervar la acción, después de transcurrido tan largo plazo.

Pero se dan casos en que el «estatuto de las limitaciones» no cuenta, por haberse interrumpido la prescripción, en cuyo caso la demanda prosperaría, aun transcurridos con exceso los seis años; tal sucede, pongamos por ejemplo, cuando con posterioridad a la fecha del pagaré, se reconoce la deuda por escrito. Entonces queda limpio el encerado, y el plazo para la prescripción empieza a contarse desde la fecha de tal reconocimiento.

En la ocasión presente el Banco acompañó una carta recibida del deudor hacía menos de seis años, y sostenía en su consecuencia que la prescripción habíase interrumpido. En la carta, ciertamente se reconocía la deuda, pero había expresiones por donde parecía entreverse la intención de liquidar un pagaré completamente distinto del que era objeto del litigio. El difunto había librado por lo visto varios pagarés a favor del Banco. Todos ellos habían sido satisfechos a su vencimiento, menos el que al presente nos ocupaba. Vista la incertidumbre del caso, sometí al jurado la cuestión de si la carta acompañada hacía referencia a ésta o a una deuda anterior. El jurado no tardó mucho en resolver en favor de la viuda, y en contra de la poderosa Casa de Banca.

Permítasenos ahora alterar la posición de las partes. Supongamos que hubiera sido la viuda quien accionara sobre aquel mismo pagaré, y el Banco el que alegara en su defensa la excepción de caducidad, por haber transcurrido los seis años que señala el «estatuto de las limitaciones». La actora exhibiría una carta recibida por su esposo de la referida entidad bancaria, mientras que el demandado opondría que la tal carta hacía referencia a una deuda anterior, ya saldada. Cabe preguntar, ¿habría el jurado interpretado la carta, tal como lo hizo ante mí, es decir, en favor del Banco y en contra de la viuda? Tengo mis dudas. ¿Interpretaría un juez la referida carta de dos maneras distintas según que la leyera en dos diferentes situaciones, o lo que es lo mismo, según que quien accionara fuera la viuda o el Banco? Faltaría verlo.

Una razón que excita poderosamente el interés del juez en orden a sus decisiones en un procedimiento sin jurado es que un Tribunal de apelación difícilmente rechazará su estimación de los hechos.

La investigación de los hechos que entraña la aceptación de la evidencia firme y la desestimación de la incierta y el ordenamiento y enfardoladura del material almacenado al final del ciclo de producción del Juzgado es lo que constituye casi exclusivamente la función del juez o del jurado. El fardo puede ser la decisión, facturada a nombre del actor o del demandado.

Raras veces los Tribunales de apelación cambian o rechazan tales investigaciones. Puede decidir que, supuestos los hechos que se dan por probados, por el Juzgado «a quo», ha sido la ley mal aplicada o mal entendida, motivando esto, que el veredicto o el fallo favorezca al culpable. En tal supuesto, pueden ellos decir: «Hemos registrado en el interior del fardo, y vemos que ha puesto usted una etiqueta equivocada. No cambiamos, pues, el contenido de su remesa, sino que nos limitamos a cambiar la dirección, para que se lea el nombre del litigante contrario».

O puede también estimar que el inferior admitió una evidencia inadecuada o excluyó la pertinente o que instruyó erróneamente al jurado. En cuyo caso puede revocar el veredicto o la resolución, y devolver el asunto al juzgado de origen para un nuevo juicio. Y entonces dice: «Hemos examinado el contenido de su remesa, y vemos que contiene substancias peligrosas», o bien: «Hemos advertido que dejó usted fuera del fardo ciertos ingredientes que, por interés público, debieran de haberse incluido en garantía de la pureza de su producto. Por eso, devolvemos a usted su paquete, indicándole que proceda de acuerdo con la fórmula que le remitimos».

Abogados y jueces coinciden en señalar la importancia de observar la conducta de los testigos durante el juicio. El testigo ocupa, al declarar, un lugar prominente, para que pueda ser objeto de examen crítico. La significación concedida al comportamiento y maneras del testigo puede que tenga su origen psicológico e histórico en la observación a que nuestros antepasados sometían a los que prestaban juramento, en espera de una manifestación divina, en la hipótesis de que estuvieran mintiendo.

Entiendo que este criterio es exagerado. Yo me esfuerzo en reprimir mis propias involuntarias reacciones ante el comportamiento de un testigo. El, difícilmente se encontrará tranquilo al declarar; un adaptable pícaro se acomodará de ordinario más fácilmente al ambiente rígido y tenso de un juzgado que un hombre honesto. Igual impresión puede causar al jurado un carácter franco y abierto que otro de mirada evasiva. El más depravado carácter de cuantos yo he condenado, tenía la expresión beatífica de un niño de coro.

Los intrincados problemas legales y políticos que se presentan a un juez de apelación (y se llama así al que entiende en los recursos contra las resoluciones de otros juzgados inferiores) acarrean también no leves fatigas. La responsabilidad por aquellas decisiones, que pueden tener una amplia, a veces nacional, repercusión, no es cosa baladí. Mas para él, las partes pueden muy bien ser anónimas: semblantes y voces, la conducta del testigo en el estrado, el ardor de hombres y mujeres en la intensidad del combate, todo esto no puede recogerse en la sucinta acta de un juicio.

El juez de apelación se enfrenta con el asunto, a la manera que los hombres de gobierno. La sangre, el sudor y las lágrimas de los litigantes se han derramado en otra parte, en el juzgado «a quo». Si se trata de una apelación contra un fallo por asesinato, el juez superior decide, de ordinario, si el juicio en el juzgado «a quo» se ha tramitado correctamente. Pero las líneas generales de tal decisión, entrañan también una consideración relativa a si tal tramitación sería igualmente correcta e imparcial para todos los reos futuros colocados en una posición análoga a la del acusado en el caso objeto de la apelación. El interés primario, pues, del juez «a quo» es garantizar a los particulares la corrección e imparcialidad del litigio.

Ni que decir tiene que no es del agrado del juez que la corte de apelación revoque la resolución apelada. Pero raras veces el juez, sobre todo si no es bisoño, toma muy a pecho tal contratiempo. En cambio los faltos de experiencia conceden gran importancia a estas incidencias. Ellos no advierten que el hecho de la confirmación o revocación de sus decisiones en nada afecta a la estima y consideración en que puedan tenerlo los abogados del distrito o sus propios compañeros. Por muchos años, uno de los jueces más apreciados en mi distrito había batido el récord en materia de revocaciones. Y había dos razones que lo justificaban: primera, que a causa de su habilidad se le encomendaban los más complicados y arduos asuntos, y segunda que no le importaba abrir camino, mediante decisiones nuevas, pero razonadas, que ampliaran los límites de la ley existente.

* * *

En estos últimos años, de acuerdo a las estadísticas aparecidas, los veintinueve jueces del distrito a que pertenezco, hemos tramitado poco menos de 2.000 casos, en los que la prueba se ha practicado por entero. Esto representa un promedio de 69 casos por juez, en que la tramitación ha sido completa. Unos 5.000 casos han sido transigidos, antes o durante la substanciación del juicio. 4.000 se han despachado en las conferencias prejudiciales. De ordinario, no más de los dos tercios de jueces se ocupan cada mes de los juicios; el resto atiende al departamento de mociones, apelaciones y trabajo prejudicial, y a otras actividades análogas.

Ha de tenerse en cuenta que tal volumen de casos tramitados no han salido por una correa transmisora accionada por anónimos operarios judiciales vestidos de la clásica toga negra. Cada uno de estos casos, representaba un incidente extraído de la vida de la misma comunidad, en el cual se ocultaba o el drama, o la tragedia o un episodio cómico. Cada caso era transcendente para las personas a quienes afectaba.

Ni ha de medirse la importancia para las partes de una cuestión litigiosa por la suma de dinero debatida. En efecto, muchas veces la cuantía fijada en el veredicto nada tiene que ver con la gravedad o con la dificultad de las conclusiones en el litigio. El siguiente caso ha sido juzgado recientemente por uno de mis compañeros.

El actor, un experto en la construcción de cofres y maletas, presentó demanda contra la herencia yacente de una mujer, que varios años antes de su muerte había vivido sola. El actor poseía una tienda de artículos para viaje en aquella vecindad. A la muerte de la anciana fueron requeridos sus servicios para abrir unos baúles, cuya operación realizó con el mayor éxito, pidiendo por el trabajo a razón de cinco dólares la hora.

Aproximadamente un mes después, como los albaceas advirtieran que no habían localizado todos los bienes y enseres que integraban el inventario de la herencia, ante la sugerencia hecha por alguien conocedor de las rarezas de la anciana, de que tal vez los baúles tendrían compartimientos inadvertidos, fue llamado por segunda vez el actor para examinarlos.

Tras un minucioso reconocimiento, descubrió en uno de los cofres un cajón conteniendo medio millón de dólares en moneda de curso legal en los Estados Unidos. Ante eso se le ocurrió pedir, como pago por su trabajo, el 5% de dicha cantidad, esto es, 25.000 dólares, alegando que el baúl había sido construido adrede para la difunta, y que a no haber sido por su pericia en la materia, no hubiera sido posible descubrir el secreto. Los albaceas rehusaron pagarle tal suma, y él interpuso demanda en reclamación de los 25.000 dólares.

Durante el curso del juicio, los demandados aviniéronse a transigir el asunto mediante la entrega por su parte al actor de unos cuantos miles de dólares. Pero él rechazó el ofrecimiento. El caso pasó al jurado, quien dictó veredicto por 12 dólares y 50 centavos, a base de computar dos horas y media de trabajo a cinco dólares la hora. Desgraciadamente para el actor los albaceas pudieron hacerse de un catálogo de hacía 30 años de un renombrado fabricante de dichos artículos, cuyo catálogo presentaron al jurado, y en él se contenía idéntico tipo de cofres al abierto por el actor, con compartimiento secreto en análoga disposición. Resultaba, pues, que el del baúl en cuestión era un conocidísimo mecanismo, originariamente construido para ser usado por los artistas en sus continuos desplazamientos.

El caso había requerido varios días para su tramitación. Surgieron cuestiones de derecho que exigieron un detenido estudio por parte del juez. Ni que decir tiene que por la exigua cantidad reflejada en el veredicto no podría en manera alguna inferirse ni la importancia del litigio, ni el enorme trabajo que supuso para el juez su resolución.

IX.
CASOS DE EQUIDAD

La atención de un juez es requerida por más casos de lo que generalmente se presume. Existe la creencia de que el jurado interviene en toda clase de asuntos, o al menos en los de mayor importancia. Y esto no es cierto. Gran número de litigios se substancian y deciden sin la actuación del jurado. Se trata de los llamados casos de equidad.

Esta figura jurídica tuvo su origen, cientos de años ha, en aquel notable potpourri de resoluciones dictadas por los Tribunales ingleses, que hoy es proclamado con orgullo como common law (derecho común). Los primitivos jueces quisieron conferir a la ley uniformidad, certeza y autoridad, y estimaron haberlo conseguido, adaptando sus decisiones a las dictadas en casos anteriores por ellos mismos, por sus contemporáneos o por sus predecesores. Así la norma legal resultó rígida e inflexible, incapaz de plegarse a las exigencias de un progresivo y más complejo orden social.

En vista de que el common law resultaba duro e inadecuado, cualquier frustrado litigante conseguiría hacerse oír del Rey, apelando a su conciencia. Como quiera que el Rey era el supremo legislador y dispensador de la justicia, él podía moldear a su antojo la ley. Y siendo el Canciller como «el guardador de la real conciencia», a él pasó el Soberano tales apelaciones.

Con el tiempo, las imperfecciones del common law canalizaron tantas demandas sobre los Cancilleres, que hubieron de crearse Tribunales en las Cancillerías. Estos fueron los primeros Tribunales de equidad.

Era inevitable que estos Tribunales se esforzaran por imprimir a sus decisiones un mínimum de regularidad y acierto, y que los profesionales del derecho, en defensa de su causa, evocaran resoluciones dictadas con anterioridad. La equidad se consolida así en un sistema de normas bien establecidas, pero a pesar de ello, conserva aún una admirable capacidad de adaptación a un mundo de complejidades sociales y económicas en constante evolución.

Unos pocos Estados de la Unión mantienen todavía separados los Tribunales de equidad de los del common law. En Nueva York y otros Estados, los dos sistemas legales, con sus distintas formas y procedimientos, se han refundido en un mismo Tribunal. Pero subsisten, aún aquí, las diferencias básicas entre derechos y remedios, característicos de ambos sistemas.

Uno de los principales defectos de los Tribunales del common law consistía en que sus facultades quedaban reducidas mayormente a la imposición de penas pecuniarias. Un Tribunal de equidad condena, en cambio, a un demandado a hacer personalmente una cosa o a abstenerse de hacerla. Esto es algo que los primeros raras veces pueden hacer.

Un ejemplo clásico en los libros de texto acerca de las diferencias existentes entre unos y otros, consiste en el remedio concedido a un propietario, que tiene dada en arrendamiento una finca, contra el arrendatario, que corta árboles en el predio arrendado. En el common law el propietario habrá de esperar a que los árboles estén cortados, para impetrar la tutela judicial, tutela que se traduce en una indemnización de orden pecuniario. En cambio, en el sistema de equidad, el arrendatario puede ser condenado a que se abstenga de seguir dañando el arbolado.

Se dan multitud de casos en que un Tribunal de derecho común, como distinto de uno de equidad, reconoce un derecho, pero se muestra incapaz de hacerlo cumplir. Si A concertó comprar una casa a B, el título legal de propiedad pertenecerá al vendedor, hasta tanto que éste libre y entregue al comprador la correspondiente escritura de venta. Si B rehúsa hacerlo, el único remedio que le queda a A en derecho común es demandar a B por daños. Pero esto no siempre constituye una condigna satisfacción, sobre todo si A necesitaba y quería precisamente aquella casa y no otra. Con arreglo al sistema de equidad, el vendedor vendría obligado a entregar la casa a A, de acuerdo a la equitativa doctrina de la ejecución específica.

Se dan, pues, acciones para enmendar contratos o instrumentos escritos, cuando han sido firmados bajo un concepto erróneo, tanto en cuanto afecta a su contenido, cuanto a la manifestación de las verdaderas intenciones de las partes, y acciones para rescindir contratos, para invalidarlos enteramente. Se admiten demandas tendentes a subsanar una falta advertida en un título. La equidad concederá reparación bajo ciertas circunstancias contra infracciones relativas a marcas de comercio, competencia ilegal y violación de secretos e invenciones industriales, que se han llegado a conocer por medio de fraude o con abuso de confianza.

Todo este conjunto de litigios, siguiendo fielmente la práctica de los antiguos Cancilleres ingleses, continúan tramitándose sin intervención del jurado. Y estos casos sin jurado constituyen una grande e importante porción de los que absorben la atención del juez.

El juez, encargado de decidir una de estas contiendas de equidad, no rechazará —no puede rechazar— aquellas reglas de derecho, que, suponemos, los miembros del jurado se resisten a aceptar. Pueden ser éstas arcaicas y desagradables para el juez particularmente, como lo son para el jurado. Le consta que de verse el caso ante un jurado, la resolución hubiera sido diferente. Su ánimo puede estar inclinado de parte del actor. Mas por doloroso que le sea, ha de resolver, a tenor del derecho vigente. Los jueces han de luchar tenazmente contra la tentación de someterse al lujo de dictar la ley para cada caso particular. Y así tenemos el coco de todos los sistemas jurídicos: las inconsistencias ocasionales en la aplicación de la ley.

En un juicio de equidad, ausente la estrategia exigida para facilitar a los miembros del jurado la evidencia de los hechos, las líneas generales del caso son captadas más nítida y prestamente por el juez. Abogados y jueces tramitan privadamente el juicio en estos casos. Obligados ambos letrados a formular metódicas y estudiadas alegaciones, las conclusiones aparecen con mayor precisión y sin tan gran esfuerzo. No obstante, los casos de equidad implican, por regla general, problemas más exigentes y laboriosos que los de derecho común.

Las relaciones más gratas y alentadoras que yo he tenido con los abogados, se han originado en la atmósfera familiar de los juicios sin jurado. Recuerdo un episodio que tuvo lugar en el curso de un pleito promovido por la «Horace Mann-Lincoln School», contra el Claustro de Profesores de la Universidad de Columbia. Los actores solicitaban que el Claustro se abstuviera de privarlos de una parte de la renta de un capital en fideicomiso de seis millones de dólares, constituido por el Comité general de Educación de la Fundación Rockefeller, cuya administración habíase encomendado al Claustro de Profesores demandado.

Mi decisión dependería de la interpretación que se diera a ciertas cláusulas del instrumento de constitución del fideicomiso. Ambas partes estaban representadas por competentes, educados y prestigiosos abogados. Entre los de la parte actora se encontraba el Profesor Austin Scott, de la Universidad de Harvard, tal vez la primera autoridad en la materia en toda la región. Maestro respetado y querido por sus discípulos, íntegro y cordial, habían asistido a sus clases dos generaciones de abogados. El «Scott on Trust» es el libro más citado sobre la materia. El Profesor Scott había sido encargado de discutir la inevitable cuestión del derecho fideicomisario en favor de la parte actora.

No bien se había comenzado la vista, cuando se abordó la cuestión. El Profesor Scott informó, cual todos esperábamos, brillante y comprensivamente. Correspondió el uso de la palabra a su adversario. Había cierto extraño brillo en sus ojos.

—Apoyaré mi tesis —dijo— en unas palabras del que yo considero la más autorizada voz en esta materia. ¿Puedo leer una cita del libro que mejor trata la cuestión: Scott on Trust?

Y leyó a continuación unos cuantos párrafos del mismo, que parecían apoyar su punto de vista en contra del argumento que acababa de exponer el Profesor Scott.

Scott replicó con ironía:

— ¡Que mi adversario ha escrito un libro! ... ¡Y continuará importunándome durante el juicio! ... Admito que el escueto texto leído aparentemente contradice lo dicho por mí. Pero es que ha de entenderse, en conexión con otros párrafos del mismo libro.

E indicó a continuación las demás secciones que debían de consultarse.

La controversia prosiguió en el más amistoso ambiente durante todo el juicio. Es imposible discutir un tema, que roce más o menos directamente la doctrina del fideicomiso, sin tener que recurrir al libro del Profesor Scott. Los letrados de la parte demandada apoyaron en él todas sus alegaciones. Me remitieron a otras partes del libro en cuestión que modificaban o ampliaban las anteriores citas. Pero sobre todo las defensas descansaban en la seguridad de que yo no había de aceptar a la ligera ninguno de los puntos de vista de las partes por el simple hecho de estar basado en el texto referido. El letrado principal de los demandados había sido alumno del Profesor Scott, y al terminar la vista me aseguró confidencialmente que sentía por él veneración.

Asuntos de mayor complicación aún en orden a su resolución, en materia de equidad, son los que afectan a las relaciones domésticas de marido y mujer. Las heridas, naturales en todo litigio, son como profundizadas en el ámbito matrimonial por la convivencia de los contendientes, por la intervención no siempre afortunada de los familiares, por violencias de orden emotivo y por otros múltiples factores.

El amargo rencor de las partes parece como que contagia a sus letrados, y así se explica que incluso tratándose de profesionales pundonorosos y comedidos, cuando se encargan de otros asuntos, llegan a ladrarse y como a querer morderse al enfrentarse en casos de esta índole. Personas de natural pacífico agotan, no obstante, un soez vocabulario en la redacción de escritos, en las causas matrimoniales. Abogados competentísimos y capaces de inferir de los hechos las más sutiles conclusiones, ofuscados en esta clase de litigios, sólo distinguen blanco y negro.

Finalmente, de entre los juicios sin jurado, los de más tensión para los jueces son los llamados de custodia, que afectan al cuidado de los menores. Usualmente, cada uno de los cónyuges pretende que los hijos habidos del matrimonio, en caso de separación, no queden en poder del otro, so pretexto de que no es apto para atender a la educación de los mismos. Muy a menudo, sin embargo, a ninguno de ellos puede confiarse el menor, precisamente por esta razón. El juez a veces se ve forzado a pasar por alto la presunción legal de que en paridad de circunstancias los hijos vivirán mejor con la madre. Los jueces comprenden que tales decisiones son las más dolorosas, e incluso a veces, las más inútiles de cuantas están llamados a adoptar.

Es éste uno de los casos en que el juez tiene que apearse de su grupa, remangar sus brazos, olvidar las teorías sobre el laissez-faire de la pasividad judicial y tomar a su cargo la conducción del caso. Y a la verdad que hay poderosas razones que lo exigen. En esta clase de litigios no andan en juego intereses de orden económico, ni aun siquiera los sentimientos personales de los padres. Los principal y directamente afectados son los hijos, cuya custodia ambos reclaman. Y los hijos no están representados por abogados, mientras que de ordinario suelen ser las víctimas de la ciega pasión de sus progenitores. De aquí que en estas cuestiones el interés dominante para el Juzgado lo constituya, no el interés o los sentimientos de los litigantes, sino el bien moral y material de los hijos.

Me viene a la memoria la más violenta resolución que me he visto precisado a dictar en los diez años que llevo vistiendo la toga en estrados. Y era tanto más difícil mi posición, en cuanto que yo advertía que lo por mí decidido lo habría de ser con carácter definitivo. La ley era clara y mi resolución dependía de la apreciación que hiciera del carácter y personalidad de una joven madre que pedía le fuera devuelto su hijo.

Ella y su esposo habían cedido el pequeño a una Agencia de Adopción de niños, muy conocida por cierto y de gran solvencia, firmando un acuerdo incondicional en tal sentido. Dos semanas después, el niño era adoptado por una feliz pareja, de inmejorables antecedentes y desahogada posición económica. Al cabo de seis meses, y tras muchas vacilaciones, la joven madre demandaba en juicio la devolución del bebé.

Sería prolijo pasar revista aquí a todos los factores que influyeron en mi determinación. El caso era arduo. Señala la ley que la felicidad del menor ha de ser la única consideración que atenderá el juez. Pero tal cual yo escribía en mi dictamen: «No obstante la importancia del estado de paternidad natural, al señalar lo más interesante al menor, puede quedar aquel factor contrarrestado y aun superado por las mayores ventajas de índole cultural y material que pueden ofrecerle los padres adoptivos... Porque la experiencia enseña que el amor de una madre es un factor que perdurará, posiblemente, aun después de que otras ventajas materiales y lazos emocionales puedan haber resultado transitorios...».

El platillo de la balanza simbólica se inclinó en favor de los padres adoptivos y en contra de la madre natural, debido a un notable testimonio psiquiátrico. Según el resultado del examen médico en relación con la demandante, se trataba de una psicópata constitucional de emotividad anormal.

Mas la responsabilidad de la decisión final era mía, y no podía declinarla sobre los psiquiatras. Concluí mi resolución con las siguientes palabras que revelan la tensión en que se debatían mis sentimientos al redactarlas.

«Pero el punto capital del problema que nos ocupa elude un estudio y una subsiguiente determinación exclusivamente legal. Un sentido de serenidad en orden a la solución es alcanzado solamente si se parte de la base de que por el hecho de ceder el pequeño a una Agencia, la demandante perdió sin ningún género de dudas toda fuerza moral para, reclamar ahora a su hijo, no pudiendo perderse de vista que la pretensión moral es sinónima de la legal, y que los valores morales se identifican y confunden con los de orden jurídico.»

«¿Cómo se explica esta reclamación de una madre?, ¿en qué se apoya?, ¿qué es lo que hace de la maternidad tan precioso don que la sociedad prefiere dejar al hijo en poder de la más pobre e ignorante de las madres, que entregarlo a ricos y educados padres adoptivos?, ¿qué se puede esperar de una madre, que se atreve a menospreciar así todos estos valores?»

«Cuanto implica una plenitud de amor para el niño, una total dedicación a él, una consagración completa, que no conoce desmayos ni desviaciones. Esto significa el concepto de madre en atención al que, la sociedad estima, puede un niño dar por bien perdidas todas las cosas de este mundo.»

«Y es de todo esto precisamente de lo que la actora se encuentra falta. Es ella una persona de inteligencia y carácter socialmente aceptables. A mi entender no es ni más ni menos inconstante que la mayoría de los demás seres humanos. Pero ella libre y voluntariamente cedió a su hijo, a fin de atender mejor a la reconstrucción de su propia vida personal; y ello, no cuando había agotado el último dólar y carecía de todo recurso, sino contando, como contaba, con una no despreciable suma a su disposición. Pesarosa después de su proceder, por cinco meses vacila en reclamar al pequeño. Sus cartas, por otra parte, revelan repetidas ocasiones en que ella aceptaba con serenidad un futuro sin su hijo. Tal conducta no refleja los atributos requeridos por la ley y por la moral de consuno para recuperar la custodia del menor en un procedimiento de esta naturaleza.»

«Teniendo en cuenta, pues, sobre todo el bienestar del pequeño, y no obstante mi profunda simpatía para con la bien intencionada demandante, me veo precisado a decretar que el niño debe quedar en su actual custodia».

X.
JUECES Y ABOGADOS COPROFESIONALES

Hace siglos un sagaz observador dijo que en este tiempo, «un acre de tierra no se traspasaría sin casi un acre de pergamino».

Yo encuentro que los letrados pueden ser de ordinario lo más locuaces y a la par los más herméticos de los seres humanos. Rasgos aparentemente tan opuestos son el resultado de su educación y de su experiencia. Su silencio y su locuacidad son por ende disciplinados y conscientes, y concebidos para proteger el interés de sus patrocinados. Examinemos los informes de un promedio de abogados: se advierte en ellos la ausencia de relatos impulsivos, vagos e incontrolados, lo que distingue su oratoria de la chabacanería.

Raras veces tiene ocasión el letrado de deducir, cuando habla al juez o al jurado, si sus alegaciones hallan o no acogida en su auditorio. No puede conocer si sus oyentes rechazan un argumento que él reputa decisivo, o si por el contrario consigue llevar el convencimiento al ánimo de los mismos un detalle que él considera trivial. Un espíritu osado tal vez arriesgaría su causa con la atrevida presentación de uno solo o dos razonamientos, desdeñando adicionales proposiciones de inferior categoría. Sin embargo, por propenso que sea el letrado a sostener su propio criterio, siempre le asaltará el temor de malograr la causa de su patrocinado, por lo que prefiere aducir cuantos argumentos le sea posible traer a debate.

Análoga prolijidad caracteriza los escritos por ellos redactados. Hay muy pocos documentos judiciales que no puedan ser compendiados sin merma de su sentido o significación legal; pero uno recuerda que en los libros de texto se citan multitud de ejemplos, en los que el descuido de una sola palabra, indispensable en el escrito, ha originado la pérdida de un litigio. De aquí que el abogado procure ser lo más minucioso posible al redactar un documento. Si cabe optar entre repetición u omisión, lo más probable es que escoja lo primero, aun cuando esté convencido de que un depurado gusto literario lo proscribiría. El, sencilla y comprensivamente, trata de jugar con la mayor seguridad posible.

En el período probatorio de los hechos alegados, procura el letrado insistir con machaconería, al objeto de que la evidencia de su caso no pase desapercibida a ninguno de los miembros del jurado. Tal insistencia constituye una falta común a todos los abogados, se trata de una, como saturación de prueba. Muchos asuntos se han perdido precisamente por desplacer al jurado tal insistencia, o bien les ha infundido sospechas tan pesada repetición.

Los ya experimentados saben que en un juicio con jurado poco en verdad puede darse por dispensado de prueba. Un simple descuido pudiera suponer el fracaso. Pongamos un ejemplo: Si diez empleados de ferrocarriles hubieran de atestiguar sobre un accidente, pudiera el letrado de la Compañía presentar solamente cuatro, ya que los restantes seis habían de abundar en idénticas manifestaciones que los primeros. Y no obstante, la omisión podría resultarle peligrosa. En su informe el letrado contrario, golpeando el pupitre y dirigiéndose al jurado, preguntaría por qué razón no se han presentado los demás testigos. Insinuaría que estaban controlados por su adversario, quien los había retenido, habida cuenta de que sus declaraciones serían perjudiciales para su defensa. Los abogados con experiencia, temerosos de brindar tal oportunidad al contrario, pero atentos, sin embargo, a no cansar al jurado con inoportunas repeticiones, recurrirían a uno de estos procedimientos:

«Hay seis testigos más que manifestarán substancialmente lo mismo que los anteriores», pueden decir enfáticamente. «¿Admite mi adversario la verdad de lo hasta ahora dicho, o quiere que sean oídos los restantes testigos, aun a trueque de hacer perder a la Sala y al jurado un tiempo precioso?»

O bien, dirigiéndose al juez: «Hay otros testigos que declararán a tenor de los que ya lo han hecho. Si «Your Honor» estima que el hecho debatido ha quedado suficientemente probado, no los llamaría».

La mayor parte de los jueces contestarán al letrado que es él quien está probando los hechos, y es su criterio el que debe decidir. Pero con esto al menos habrá sentado una base para excusarse ante el jurado, si fuera preciso, por no haber presentado los demás testigos.

* * *

De ordinario el cliente ve en su letrado un confesor, y le confiará secretos no conocidos ni de su familia, ni de sus íntimos amigos. Como la naturaleza de la relación profesional invita a tales confidencias, la ley ha sellado las mismas, imponiendo al letrado la obligación de no revelarlas sin consentimiento del cliente. Es tal vez por ello por lo que si el letrado considera conveniente para su cliente guardar silencio, se comportará como una Esfinge. Si posee alguna información relativa al caso que su contrario desconoce, ni con potros salvajes podrá arrancársele una sola palabra. Hasta el momento oportuno, suceda lo que suceda, no hará alusión de ningún género sobre el particular. No mencionará dato alguno en las conferencias prejudiciales, cuando el juez interpone sus buenos oficios en busca de conseguir concesiones mutuas para una avenencia.

Esta táctica a veces resulta un arma de dos filos. Hace muchos años un asociado mío ejercía la acusación contra un delincuente al que se imputaba que había golpeado con una porra a un tendero, apoderándose después del contenido de la caja registradora. Al ser detenido declaró ante la policía, que, cuando tuvo lugar el hecho, se encontraba visitando a una hermana suya, que vivía a muchas millas del sitio en que se perpetró el delito.

No obstante sus pocos años de edad, pesaban ya sobre el acusado varios arrestos y condenas. Ejercía, además, una influencia corruptora sobre los demás jóvenes de aquella vecindad, por lo que el fiscal ardía en deseos de asegurar un veredicto de culpabilidad. Pero la víctima quedó tan aturdida tras la agresión, que le era difícil identificar al reo. Por esta razón interesaba sobremanera destruir la coartada.

Un testigo, enterado de la detención, se ofreció a declarar. Se trataba de un maestro de escuela, de quien en un tiempo fue alumno el acusado. Manifestó el profesor que minutos después de haberse perpetrado la agresión se había tropezado él con el acusado, justamente a dos manzanas de casas de la tienda, y que al preguntarle qué hacía por aquellos barrios, contestó el joven que había venido a visitar a un amigo.

Se encontraba, pues, el Fiscal en una excelente posición estratégica. Presentaría al profesor como testigo de cargo, para justificar que el acusado se hallaba en el barrio en donde tuvo lugar el delito minutos después de la hora en que se cometió. O bien podía reservarlo para replicar al defensor, esto es, esperar a que el defensor hubiera practicado la prueba de su coartada, y entonces llamar al testigo para que dijera al jurado que el presunto reo el día y hora de autos se hallaba muy lejos de la casa de su hermana, y cerca del lugar del delito.

Por aquel tiempo la ley no autorizaba al Fiscal para que con anterioridad al juicio pudiera exigir del acusado que facilitara los medios de prueba con que pretendía justificar su coartada. De aquí, que temiendo en el caso de autos, que si él ofrecía el testimonio del maestro, como prueba de cargo, pudiera el acusado cambiar su coartada, amañando otra explicación, decidió guardar el secreto y esperar para presentar tan importante testimonio en refutación de la prueba contraria.

Solo el tendero agredido y el policía que le detuvo declararon, pues, como testigos de cargo. El defensor del acusado repreguntó ampliamente a la víctima respecto a la identificación de su defendido. Al policía se limitó a pedirle que repitiera lo que el presunto agresor le había explicado al ser detenido, esto es, que había estado en casa de su hermana.

Terminó la prueba de la acusación. El jurado salió y la defensa hizo un elocuente informe solicitando la revocación del proceso, por cuanto su patrocinado no había sido identificado por la víctima. El juez denegó la moción.

Entonces, para consternación del Fiscal, el letrado dio por practicada su prueba. Nada sabía él del testigo sorpresa de la acusación, pero temió someter a su cliente a las repreguntas de ésta en vista de sus pésimos antecedentes. El juez se opuso a volver a abrir la fase probatoria, como el Fiscal solicitó, ya que él deliberadamente había dejado de llamar al testigo.

En período de conclusiones, hizo el defensor hincapié en la juventud de su cliente y en que no había sido identificado. Se refirió a la explicación que dio el acusado a la policía al ser detenido, cual si ello justificara la coartada, y aludió a que el Fiscal no había probado la perpetración por parte de su defendido del delito que se le imputaba. Así consiguió un veredicto de absolución. El Fiscal se había pasado de listo.

* * *

Hay jueces que sin vacilar adoptarán cuantas decisiones le dicten su razón y su conciencia aun a trueque de concitar airada oposición pública u oficial.

La abogacía en América, desde sus más tempranos días, ha contado con valerosas e independientes personalidades. Sobresaliente es el caso de John Peter Zenger, que el Gobernador Morris llamó «lucero de la mañana de la Revolución Americana».

Zenger era un editor de Nueva York, cuyas publicaciones contenían acres censuras contra la administración del Gobernador Colonial. En 1734 publicó un periódico que zahería la conducta del tal Gobernador, lo que motivó un procedimiento judicial por difamación. Zenger designó dos abogados de la ciudad, de gran nombradía, James Alexander y William Smith, quienes en el ejercicio de sus deberes profesionales, y con toda propiedad, recusaron la jurisdicción del Juzgado. Ambos fueron expulsados del foro por pretender patrocinar a su cliente en forma tal.

Andrew Hamilton, de Filadelfia, Decano de la Asociación Colonial de Abogados, asumió entonces la defensa de Zenger. Se trataba de un anciano, enfermo por añadidura; el viaje a Nueva York sería en extremo molesto, y él preveía que la contienda judicial sería dura. No obstante, aceptó.

Charles y Mary Beard, en su obra «The Rise of American Civilization», describen así esta defensa histórica de la libertad de la Prensa:

«El juicio terminó siendo un episodio dramático, así como también una derrota para la representación real. Un hábil letrado, Andrew Hamilton, traído de Filadelfia para defender al editor, tras de haber sido intimidados los abogados de la localidad, condujo el caso con gran brillantez, bajo el lema la causa de la libertad, y movido por sus razonamientos y alentado por la simpatía popular, el jurado, contra el enojo del juez, y en medio de general regocijo, concedió la libertad al editor.»

Resulta grato actuar como abogado o de juez, en un procedimiento contencioso, cuando uno y otro dan muestras de respeto mutuo y consideración. No pretende el juez que por satisfacer sus caprichos o sus deseos perjudique el letrado en lo más mínimo los derechos de su cliente. Pero sabe por experiencia que, por ahorrar tiempo al juzgado y evitar al adversario gastos y molestias, el abogado se avendrá a conceder lo que en último extremo podría probarse; que uno y otro abogado se opondrán con todo ardor, pero con nobleza; que cada uno de ellos presentará los hechos bajo el cariz más favorable a su cliente, pero sin tergiversar la evidencia, hasta el punto de inducir a engaño al jurado y al tribunal.

Los letrados conocen, a su vez, que el juez puede errar, pero que en esta equivocación no mediará ni pizca de malicia por su parte, y les brindará un fácil recurso para apelar. Ellos saben que en conferencia pueden confiarle hechos relativos al caso y que su confidencia no será violada. Que pueden recurrir a él en alguna de las múltiples dificultades que atormentan al letrado y que el juez les encauzará por una solución que no detenga substancialmente las funciones del juzgado ni prejuzgue a un adversario. Y esta cooperación es espontáneamente ofrecida y aceptada.

El siguiente tributo a la abogacía, rendido en 1930 por el Juez Decano de la Corte de Apelación de Nueva York, Benjamín N. Cardozo, tiene hoy el mismo valor que lo tuvo entonces.

«Cuando reflexiono en todo esto, el entusiasmo de los esfuerzos forenses, el fuego que hay en ellos, la significación de derrota o de triunfo, no solo en orden a la economía del letrado, sino lo que es más aún, en orden a su interior satisfacción, a su nombradía y a su sentido del cumplimiento del deber, y percibo con creciente maravilla el espíritu de fraternal camaradería que anima la profesión, aún hoy..., el buen carácter, el humor, la aceptación resignada de la suerte o del adverso resultado en el diario quehacer. Lo que especialmente me impresiona es la amabilidad y generoso comportamiento de la abogacía en relación a la judicatura. Dijo un ensayista inglés, refiriéndose a sus compatriotas: «Nosotros recibimos con tristeza el placer, pero soportamos nuestras tribulaciones con una sonrisa». No se puede sintetizar mejor la idiosincrasia de la abogacía. Los jueces, en el ejercicio de nuestra función, adoptamos decisiones que les deben producir amarga desilusión. Desestimamos casos en los que la paciente y concienzuda labor de meses y aun de años de estos honestos profesionales queda frustrado. Si tal realidad se considera en abstracto, sin conocimiento de los hechos, pudiera inferirse que el resultado de todo ello habría de ser un estado crónico de tensión y hostilidad entre ambos campos. Nada de esto. Si cumplimos nuestra diaria tarea con una razonable dosis de inteligencia y dedicación, nos sentiremos recompensados con una amistad que es realmente más que eso; por una amistad tan matizada de emoción, que tan sólo quedaría bien descrita, empleando la palabra afecto. Yo puedo hablar al menos por un juez, diciendo que esto evoca en su corazón una expresiva correspondencia.»

Tal afinidad entre jueces y abogados se manifiesta a veces en las más extrañas circunstancias. Se veía ante mí un enmarañado asunto. Eran varios demandados, cada uno de los cuales contaba con un letrado para su defensa. Uno de ellos, abogado ciertamente culto y experimentado, trataba cada punto con tal prolijidad que el juicio parecía no habría de tocar nunca a su fin. No es que lo hiciera con ánimo de conseguir torpes ventajas o como procedimiento táctico. Es que sencillamente no estimaba suficientemente probado un punto o un hecho, sino repetía su argumentación hasta la saciedad. Y no obstante ser de sencillo carácter y consciente, no atendía para nada las insinuaciones de sus compañeros, para que abreviara sus interrogatorios.

Finalmente con el fin de imprimir a la vista mayor dinamismo, me vi obligado a llamarle la atención cada vez que formulaba a los testigos preguntas ya con anterioridad contestadas. Esto es cosa que se hace con harta frecuencia por los jueces, sin que ello cause molestia o violencia alguna al letrado, ya que el juez no emplea en sus amonestaciones la ironía o la afrenta. En este caso yo me limité a advertir al letrado que aquellas preguntas habían sido antes formuladas. Y con ello conseguía que él pasara a otro punto. Si notaba vacilación acerca de la exactitud de mi advertencia, recurría a mis notas.

Un día poco antes de que se suspendiera la sesión, para la comida, un niño de unos 14 años entró en la Sala. Tímidamente se aproximó a este letrado, quien se volvió a él. Dado el asombroso parecido entre ambos, no cabía duda de que se trataba de padre e hijo. Hasta aquel momento había yo interrumpido frecuentemente al letrado, y tal vez con impaciencia alguna que otra vez.

Pronto suspendí la sesión. Cuando abandonaba la Sala vi al letrado echar un brazo sobre el hombro del chico, que correspondió con igual cariño. Al reanudar la sesión de la tarde, el padre acercó su hijo al estrado y me lo presentó. Hacía el muchacho las vacaciones de la Pascua de Resurrección, y bajó a la ciudad a comer con su padre y a presenciar el juicio.

No interrumpí más al letrado durante el resto de la vista. Ni aún a hacerle sugerencia alguna me atreví. Resultado de esto, fue que dedicó todo el resto de la sesión a hacer molestas repreguntas a un testigo, sobre extremos que ya habían quedado ampliamente aclarados, a preguntas de los demás letrados y aun de las mías propias. Todo el tiempo que duró aquella sesión me pareció descubrir en cambio en aquel niño de 14 años, una expresión de reverente admiración por la proeza de su padre.

XI.
EL JURADO

Uno de los veredictos del jurado, que más me han intrigado en el curso de estos diez años, se emitió en una causa por difamación.

Hace algún tiempo apareció en lugar destacado de la primera página de uno de los periódicos de mayor tirada, de New York, el siguiente titular:

Un médico dictamina, tras examinarla por
dos veces, la muerte de una actriz. la policía
en cambio la devuelve la vida.

Cierta actriz, sin trabajo, fue hallada desvanecida en su apartamiento. Había ingerido una dosis excesiva de píldoras soporíferas. El agraviado era un médico, cuyo estudio radicaba en la misma calle, frente por frente a la habitación de la actriz.

Tal como el diario narraba el hecho, el médico fue requerido por la policía, para atender a la víctima, y tras un minucioso examen, declaró que estaba muerta. Transcurridos unos quince minutos, volvió a examinar de nuevo a la actriz, confirmando su primera impresión. Entonces, continuaba el periódico, la patrulla policíaca de emergencia aplicó a la actriz un pulmotor[1], devolviéndole la vida.

De no ser cierta la noticia, suponía una difamación, que afectaba seriamente el prestigio profesional del médico. No había que echar mano en el presente caso de escalas específicas para reparar el daño,

---

1 «Pulmotor»: Aparato para producir la respiración artificial. - N. del T.

pues su reputación, sin duda alguna, había sufrido con ello un menoscabo tal, que hacía preciso estimarlo, bajo el epígrafe de «daños generales».

El doctor negó terminantemente que él hubiera dicho que la actriz estaba muerta. En su primer reconocimiento, había apercibido un débil soplo de vida, y así lo manifestó a la policía. Permaneció en la habitación dos horas, atendiendo a la víctima, y consiguió reanimarla.

La mayor parte de los policías, que se hallaban presentes el día de autos, coincidieron con lo dicho por el galeno, no obstante que el periodista adulaba en su reporte a la brigada policíaca que actuó.

El acusado declaró que le había facilitado la noticia un policía que estaba a la puerta del aposento de la actriz, apresurándose él a telefonear al periódico.

Demostró el doctor cómo la noticia se había esparcido entre sus compañeros y clientes, y que en consecuencia de ello venía siendo objeto de burlas por doquier. Se comentaba humorísticamente el caso en las reuniones de la Asociación médica local. Sin ningún género de dudas, la difusión de tal especie le originó gran preocupación, daño en su reputación y pérdida de clientes. Se apresuró a poner en conocimiento de la dirección del periódico la falsedad de la noticia, pidiéndole una rectificación. Pero no se le hizo caso.

El jurado salió a deliberar, y al cabo de dos horas volvió, con un veredicto que concedía al médico MIL DOLARES, en concepto de reparación. Jamás me pareció tan mezquina una indemnización, habida cuenta del mal causado a la reputación del doctor. Es cierto que existían ciertos factores, de escasa monta por cierto, que hubieran podido justificar un veredicto de absolución. Si el jurado, apreciando estos factores, hubiera dictado un veredicto de exculpación, me hubiera sorprendido, ni que decir tiene, pero no tanto como lo fui con el veredicto emitido. Porque, se admitía por el jurado implícitamente que la noticia publicada en lugar destacado del periódico era falsa, y no obstante eso, se valoran los perjuicios causados en mil dólares. La siguiente semana tuve ocasión de interrogar a cuatro de las personas que constituían el jurado, sobre el particular, y recibí cuatro explicaciones diferentes:

Uno me contestó: «Yo estaba seguro desde el primer momento de la falsedad de la noticia que publicó el periódico. Me encontraba favorablemente impresionado por el doctor que reveló saber lo que se lleva entre manos, y sobre todo por haber dedicado toda la mañana a salvar la vida a aquella desgraciada, sin esperanza de retribución. Pero creo también que el periodista dijo verdad, cuando aseguró que la noticia se la había suministrado el guindilla que guardaba la puerta del aposento de la actriz. Habida cuenta de la prisa con que estos tipos trabajan, no se podía exigir de él en el caso de autos que se detuviera a comprobar la veracidad de la información. Yo, la verdad, me hubiera inclinado por un veredicto favorable al periódico, si éste no se hubiera negado a desmentir la noticia. Por eso, cuando se cifraron los daños en mil dólares estimé justa la cantidad. Lo importante para el Doctor, pensé, era conseguir un veredicto favorable; lo demás era secundario para él».

Un segundo miembro del jurado, repitió las últimas razones del anterior: «Desde el primer momento, me incliné por el médico, y hubiera deseado que la indemnización hubiera sido mayor. Había no obstante entre nosotros, tres o cuatro convencidos de la exactitud de la noticia, que amenazaron con oponerse, si se fijaba una cantidad superior, por lo que estimé que un desacuerdo en el jurado no beneficiaría en nada al reclamante. Lo importante para él, además, era aclarar su reputación, el dinero carecía de importancia».

«Usted nos recomendó que sobre el actor pesa siempre la carga de la prueba», me dijo un tercero. «Pues bien, unos policías declararon que efectivamente el doctor había afirmado la muerte de la actriz. Otros han dicho que no. Yo estaba indeciso, y no sabía a qué carta quedarme. La cifra se fijó en mil dólares. Alguien a mi lado dijo que así no se causaba mucho daño al periódico, mientras que por otra parte se restablecería el crédito del doctor, y por eso me decidí».

El último de los interrogados me contestó: «En todo momento me sentí a favor del actor, y creí a pesar de ello que con mil dólares estaba compensado. Yo no tragué la patraña de que su fama había resultado maltrecha. Sus sentimientos habían sido lastimados, y muy pocos de entre sus pacientes y compañeros se atreverían a zaherirle. Un veredicto favorable a él enmendaría el entuerto. Lo demás no importaba gran cosa. Distinto hubiera sido si él hubiera sufrido la fractura de un brazo».

Para él y tal vez para muchos de cuantos integraban el jurado, una reputación manchada merecía menos importancia que la fractura de un miembro.

Es notable, no obstante, la sagacidad con que cada uno de ellos se percató de que la meta principal del agraviado era obtener un veredicto favorable y que el dinero era de secundaria importancia. Es significativo que el doctor no ordenara a su Letrado que interpusiera una moción impugnando el veredicto, por incongruente. Había obtenido un desagravio oficial y público, y lo demás le traía efectivamente sin cuidado.

Si hubiera yo tenido que dictar un veredicto en el caso citado, hubiera señalado, como indemnización, una cantidad muy superior a la que estimó el jurado. A pesar de ello me veía forzado a admitir los lógicos razonamientos aducidos por aquellos a los que había interpelado. Y estas mismas razones eran tácitamente admitidas por el galeno, al oponerse a que el veredicto fuera impugnado. Tal vez mi reacción sobre el particular estuviera influenciada por la reverencia que siempre he sentido por la profesión médica.

He hablado con varios jueces de este veredicto. Sus reacciones y la mía en nada diferían. Y es que quizás medie un gran abismo entre la actitud de un juez (o de cualquier otro profesional), y la de un simple particular en orden a la valoración en dinero de la reputación. Un profesional, y muy con especial un juez, aprecia su buen nombre tanto o más que la propia vida. Dejando a un lado las satisfacciones del espíritu, su reputación constituye todo su «capital en la industria». Destruid la reputación personal de una persona, e inutilizaréis con ello su inventario, su maquinaria, todo su activo. Me temo que un no profesional no llegue a captar el inmenso valor que para un médico tiene su reputación profesional. Pero, como juez, no descarto la posibilidad de que la evaluación que el jurado hizo de los daños, en el caso que nos ocupa, sea más exacta que la mía.

Como juez encargado de la administración del sistema del jurado en el Tribunal del distrito, cada pocos meses pido al secretario seleccionar ocho o diez, de sus miembros, al azar, y mandarlos a mi departamento. Durante una o más horas, hablo con ellos en franca camaradería sobre nuestros mutuos problemas. Ellos hablan con la franqueza que comunica el anónimo, puesto que yo ni conozco sus nombres ni hago gestión alguna para identificarlos.

He de confesar que la mayor parte de las recomendaciones que me hacen versan sobre aspectos de índole material..., por ejemplo: me sugieren entre otras cosas que surta de jabón y toallas, de papel, los lavabos, que se les faciliten almohadillas para sus duros asientos, que se aireen las Salas durante las horas de la comida, et sic de caeteris. Estas son todas las importantes consideraciones que hacen. Nosotros nos encargamos de recoger tales indicaciones, y en la medida de lo posible nos esforzamos en hacer más considerado, grato y remunerado el servicio. Pero a veces nos hacen también atinadísimos comentarios en relación a la tramitación del juicio, o acerca del comportamiento de abogados y jueces.

De estas conversaciones, desprovistas de toda formalidad y protocolo, así como de mis observaciones durante el desempeño de mi función, he llegado a formar una idea exacta sobre las personas que integran el jurado. El, o ella, mira esta obligación como un privilegio y como una carga enojosa a la par. Una vez elegido, sin embargo, cumple su deber con un sentido de plena dedicación. Se queja por el tiempo que pierde en la Sala esperando que se haga la insaculación, y también, esto no obstante, raras veces, por el tiempo que dedica a este servicio en la tramitación del asunto.

No se escapa al juez la molestia que supone para una persona el cumplimiento de este deber, sobre todo, cuando sus ingresos no son muy crecidos. En New York un patrono no está obligado a pagar la diferencia que existe entre la gratificación del jurado y el salario de sus empleados llamados a desempeñar tal función, aun cuando alguna que otra asociación de empresas se dispone ahora a compensar esta pérdida. Los jueces deben por esto de prestar más simpática atención a aquellos asalariados para quienes supone la prestación de este servicio un desequilibrio en su economía, al hacer gastos extraordinarios, o que por otros motivos necesitan cada penique de su salario potencial; es por ello por lo que raramente se les deniega una justificada solicitud de aplazamiento en su elección.

Otra clase de personas a las que generalmente se les suelen conceder grandes aplazamientos son las que se hallan al frente de las llamadas «industrias de un solo hombre», a saber, pequeños talleres de sastrería, papelerías, tintorerías, y similares. Si estos pequeños industriales fueran llamados a formar el jurado, veríanse en la precisión de cerrar sus tiendas.

Existe aún otro factor para proceder con suavidad ante tales excusas. Un jurado atormentado por graves reveses financieros, carece de la suficiente serenidad y de la capacidad de apreciación que los litigantes tienen derecho a exigir.

Me han manifestado los miembros del jurado, repetidas veces, que les desagradan ciertas actitudes que con frecuencia presencian en la Sala. A menos que un letrado al hacer las repreguntas tenga razón para creer que ha anulado a un testigo, impresionará más al jurado atacando al testimonio que no al que lo presta personalmente. No es del agrado del jurado oír testigos acusados a la ligera o involuntariamente de perjuros.

Otra cosa que ellos tampoco pueden comprender es porqué el letrado, hallándose tan próximo a ellos, debe gritar hasta el máximum de sus pulmones. Si fuera de allí, dicen ellos, procediera de igual forma, le tomarían por un loco.

Una de las censuras que se hacen de la institución del jurado, puede rechazarse de plano: que algunos de sus miembros son fácilmente sobornables. En uno de los Juzgados del distrito local, de New York, una banda de profesionales, se las componía, de manera que actuaban con gran frecuencia en aquel Juzgado. Tenían un jefe, que era el encargado de contratar con los litigantes en relación a los veredictos... En marcha el negocio, se fijó un Código de conducta ética que cumplió el líder con absoluta escrupulosidad: Jamás concertó un caso con ambas partes simultáneamente. Más aún: una vez estipulado un acuerdo con uno de los litigantes, por nada del mundo se volvería atrás, aun cuando, como sucedía con frecuencia, la parte adversa la hiciera una más tentadora oferta.

El negocio llegó al fin a descubrirse, y sancionados convenientemente los miembros de la banda, no se ha vuelto a repetir un caso parecido, ni en aquel ni en ningún otro Tribunal de New York. Bien es verdad que las formas que puede adoptar el soborno son múltiples, como múltiple es la posibilidad de conseguir la prevariación o el cohecho de un juez. Pero con un poco de astucia en el mecanismo de la elección del jurado, hay suficiente para prevenir cualquier brote de corrupción.

En mi Juzgado, por ejemplo, no hay manera de conocer de antemano cuáles de varios cientos de personas serán designadas para actuar en un caso concreto. Y una vez el jurado en funciones, la solicitación podría hacerse a un miembro en particular, pero ello supondría una aventurada empresa.

El jurado debiera nutrirse con personas de una reconocida cultura y pericia. Las partidas de crédito deben transferirse a la columna del «debe», a menos que los miembros que integran dicha institución constituyan inteligente y seleccionado porción de la comunidad. Un litigante decidido a someter su caso a un jurado formado por sus propios compañeros, rehusaría sin duda alguna confiar su libertad o su seguridad al arbitrio de doce necios. Con cultura y pericia, ellos captarían e inferirían las consecuencias, lo mismo en materia criminal, como en asuntos de comercio, o en cualquiera otra clase de litigios. Muchos poseerían la experiencia necesaria para aquilatar los valores, la cautela suficiente para percibir la falsedad y el carácter y entereza precisos para resistir los halagos.

En mi Juzgado, durante los dos últimos años, se han conseguido ciertos progresos en este orden de cosas. Si continuamos por este camino de mejoramiento, y de insistencia en un programa de educación, confío en que al menos en lo que a nosotros atañe habremos conseguido reducir al silencio cuantas censuras se vienen haciendo sobre tal institución.

El más arduo problema consistirá en capacitar a los miembros, del jurado, para que decidan de acuerdo con la evidencia según reza su juramento; cambiar las leyes por sus votos el Día de la Elección, y no en la sala del jurado. Yo estoy seguro que muchas personas, al prestar este servicio, no se dan cuenta de esta propensión y que un inteligente examen logrará desterrarla.

¿Qué puede hacerse en orden a conseguir el adiestramiento y educación del jurado, para que pueda desempeñar su función con entera competencia?

Teóricamente los Tribunales debieran estar autorizados para exhortar a los encargados de la educación de la niñez: «os encargáis de formar correctos ciudadanos y ¿qué función de ciudadanía es más importante, inteligente, intrépida y honesta, que el servicio del jurado?».

En la práctica, nuestra institución del jurado pudiera tal vez fracasar, antes de que este programa de expansión cultural llegara a producir sus frutos. Existe, pues, una urgente labor, de inmediata realización que los Tribunales mismos debieran de emprender.

El jurado se elige para actuar normalmente dos semanas. Durante los primeros días, debieran asistir a un cursillo de capacitación en el mismo Tribunal. A cada miembro del jurado, al menos una vez en su vida, se le exigiría cumplir tal requisito.

Los instructores habrían de ser empleados permanentes. Huelga puntualizar las materias a enseñar. Se les hablaría acerca de la estructura de los órganos encargados de la administración de justicia, de sus diferentes categorías y funciones. Se les pondría en guardia contra la discriminación racial, religiosa, de color o de origen. Los principios y conceptos democráticos de esta institución resultarían así robustecidos.

La función de las defensas se les ilustraría, valiéndose de ejemplos. Se les pondría de manifiesto el mayor número posible de reglas de evidencia y las más comúnmente empleadas. Igual estudio habría de hacerse en relación a los principios que regulan la carga de la prueba, la preponderancia de la evidencia, etc.

Se les enseñarían los rudimentos de aquellas leyes de más frecuente aplicación, v. g.: las relativas a accidentes, ineficacia o cumplimiento de los contratos, lo que constituye negligencia, noticia actual y constitutiva, medida de daños y otros conceptos análogos les serían explicados.

Se les daría una breve noción del desenvolvimiento de la institución del jurado, de la importancia y necesidad de sus funciones. Si él censurara tal sistema, se le instaría a que sugiriera un medio más seguro y eficaz para salvaguardar sus derechos personales y su propiedad, y de proclamar la verdad sin miedos ni favoritismos. De ahí deduciría él un sentido de dignidad en relación al ejercicio de unos deberes arraigados en la tradición secular y un sentido de inspiración de las bravas y emocionantes conquistas del pasado. Los instructores podrían además cooperar con los secretarios del jurado, en eliminar de las listas a cuantas personas se manifiesten claramente incapaces para tal función, por ejemplo, a las que se hallen físicamente impedidas, a cuantas sufran enfermedades o aberraciones que les impidan prestar un adecuado servicio..., todas estas serían descalificadas.

Habría de concedérseles a los miembros del jurado cuantas facilidades físicas pudieran hacer su servicio lo más confortable posible. Sus períodos de espera, cuando no están en los juicios, se procuraría que fuesen menos aburridos de lo que son al presente en la mayor parte de las jurisdicciones.

El Juez Decano, Lans, del distrito de Columbia, describió así en la reciente inauguración de un nuevo edificio para el Tribunal Federal, las comodidades previstas para el jurado:

«...en este nuevo edificio hemos dispuesto una lujosa sala para los miembros del jurado, solo parangonable con la de un Club. Hemos previsto lugar adecuado para que puedan estacionar sus coches, lo que representa no pequeña ventaja. Y para las necesariamente prolongadas horas de ociosidad, que hasta el presente son inevitables, una habitación, a prueba de ruidos, donde el llamado a desempeñar tal función pueda traer a su secretario o a sus socios al objeto de ocuparse de sus negocios privados, hasta tanto sea llamado, para actuar en un juicio. Hemos preparado una mensajería, a fin de que cualquier recado le sea entregado en cualquier momento por un ordenanza allí empleado, así como dormitorios individuales, en donde con el mayor confort pueden descansar, en ocasiones en que las sesiones se prolonguen aun durante la noche».

Estimo que debiera retribuírseles decorosamente, no obstante la creencia de muchos, de que si la gratificación del jurado fuera elevada, constituiría un aliciente para reclutar tipos indeseables. Mas esto, solo podría suceder en el supuesto de relajarse la disciplina existente.

Pero solo una formal y más intensa educación no preparará necesariamente a una persona para desempeñar con decoro esta función. Un despierto jornalero, puede actuar en el jurado más comprensiva y perspicazmente que un profesor indolente o un experto en los negocios. No obstante, todos deben ser educados para despertar en ellos un legítimo y comprensivo interés acerca del fin e importancia de este servicio. Los incompetentes han de ser eliminados, y los que queden, preparados para servir inteligente, experta y animosamente.

XII.
LA INFLUENCIA Y LOS TRIBUNALES

La imparcialidad y la honestidad son los dos principales atributos que, sobre cualquiera otros, exige al juez la comunidad. Así como exige moralidad al hombre de gobierno. De todas formas, estas cualidades se consideran ínsitas en ambas funciones. Ni que decir tiene que aspiramos a que cada miembro de la sociedad sea honesto e imparcial, pero tratándose del juez, tal aspiración se traduce en inexorable exigencia, por constituir ambos conceptos morales, como los principales instrumentos de trabajo para él.

Se admite de antemano que la pericia de los jueces estará en proporción a sus diferentes educación, capacidad y experiencia, diferencias éstas, que como en una pulida superficie, se reflejarán en sus resoluciones y dictámenes. Mas no existe diferencia, o al menos, no es admisible, en cuanto al grado de honestidad que posee: en lo tocante a este punto, la comunidad es rígida e inflexible.

Estas exigencias de la comunidad, la preparación del juez, las tradiciones del cargo, su condición de abogado, son factores todos ellos que le impulsan a seguir sin desviaciones la senda estrecha de la honestidad. Bernard L. Shientag ha dicho: «Así como el hombre está sujeto a los cambios climatológicos, en el orden físico, así también se haya influido por las variaciones de orden intelectual». Tales consideraciones contribuyen también a dotar al juez de una mayor sensibilidad en orden al bagaje de integridad con que ha de proceder; de aquí que su mayor y más diligente empeño estriba en que su buen nombre supere a sus éxitos, en su adaptación a tales imperativos.

No dejan de comprender los jueces que cuando los abogados se obstinan en destruir su fuerza de carácter y su sentido de equidad, su utilidad sufre mengua.

Necesita el juez leer en los ojos del letrado que a él acude: «Usted puede decidir en pro o en contra de mi caso, captar la entraña de mi argumento o rechazarlo, pero de todos modos la causa de mi cliente en sus manos ha de encontrar una atenta y ecuánime consideración».

Es por todo ello, y aparte de los estímulos de su propia ilustrada conciencia, por lo que la más leve insinuación de favoritismo agravia al juez, porqué ello, implica la presunción de que carece de los más indispensables atributos de idoneidad para el cargo. La sola insinuación admite ya la existencia de una mancha. Han de percatarse los jueces de que su función se opera sometida al escrutinio de miradas críticas y expertas: sus actuaciones son atentamente observadas por sagaces abogados, leales a los intereses de sus patrocinados.

Imposible hallar más intangible baluarte de la independencia de un juez, que su rectitud. La mayor parte de los jueces, podrían serlo durante todos los años de su vida, con tal de que observen buena conducta. Si no son funcionarios inamovibles, como los de los tribunales federales, gozan no obstante en la práctica, por protocolo político, de una equivalente inamovilidad. Quienes fundaron nuestros Estados y sus contemporáneos, tendieron a hacer del judicial el más independiente de los tres poderes; pusieron su empeño en hacerlo inmune a toda influencia del poder legislativo, del ejecutivo, del político y de cualquier otro.

Somos los jueces, por lo general, los funcionarios mejor retribuidos. En muchos de los Estados federados, y en el más alto Tribunal los jueces percibimos sueldos más elevados que los gobernadores y que los mismos senadores incluso.

Los insignificantes casos de corruptora influencia que se dan en la judicatura, apenas si justifica que se dedique un capítulo a esta materia.

Especies equivocadas difundidas por doquiera hacen no obstante aconsejable abordar el tema, señalándolo como uno de los más interesantes de estas Memorias.

No aseguro que el juez, no sienta de vez en cuando el aguijonazo de tentaciones corruptoras, ni que alguno que otro sucumba a ellas.

Pero estoy convencido que son muy pocos los americanos en quienes haya arraigado la idea de que nuestro sistema judiciario está minado por la corrupción. Buena prueba de este aserto lo constituye el hecho de que virtualmente no se hace intento alguno, tendente de modo directo, a obtener del juez una actividad incorrecta; y aún las influencias que de una manera indirecta se ejercen sobre él, son relativamente escasas, a más de estúpidas e inoperantes. La mayor parte de los ciudadanos americanos sienten una innata y plenamente justificada admiración por la integridad de su máquina jurídica, que brilla a través de sus ocasionales e inevitables altibajos en todos los Tribunales de la Unión.

A raíz de mi nombramiento, nadie ha osado en mi presencia censurar los defectos de la judicatura. Y sé, como abogado que he sido en ejercicio, que se habla mucho sobre el particular, principalmente entre los mismos abogados, en sus banquetes y asambleas. Estos, como miembros de una profesión, comentan los incidentes relativos a ella, y tales comentarios pueden abarcar incluso a los jueces...: sus faltas y virtudes, su integridad o sus fracasos. Un letrado, al saborear la amargura de una derrota, puede recurrir, en sus reuniones, a hacer comentarios humorísticos de sus compañeros, llegando incluso en un lamentable empeño satírico a ridiculizar al juez, sacando a relucir su falta de cultura, sus descuidos, o algún otro defecto que, a su juicio, pudiera explicar la derrota.

Pero, raramente, muy raramente, un letrado saca a relucir un acto del juez, que implique corrupción. Y si esto hiciera, doy por descontado que sus compañeros rechazarían sus insinuaciones, como recurso pobre y poco meditado para deslaidar su propio fracaso. Los abogados conocen por propia convicción, nacida de una íntima y larga actuación ante los Tribunales, que una preponderante mayoría de jueces son hombres probos y honrados.

XIII. TRANSACCIONES Y CONFERENCIAS PARAJUDICIALES

Leía yo el mes pasado los documentos de una moción, en la que se instaba una preferencia. Solicitábase el inmediato señalamiento de un caso, dando de lado al orden regular de señalamientos de los mismos. A cada asunto que entra, se le asigna un número de registro y se procede en un orden numérico a su tramitación.

El actor en el caso de autos había sido atropellado por un coche, hacía un año, habiendo sufrido graves lesiones. Tiempo después, y no antes de dos meses de la fecha de la moción, se había advertido que era víctima de un sarcoma, en una de sus más malignas formas. A consecuencia de esto había perdido tanto peso y vigor, que apenas si podía tenerse en pie. El doctor le pronosticó pocos meses de vida. Y de continuar el caso del atropello su curso normal, de acuerdo al número que le correspondía en el registro, transcurrirían aun dos años antes de que se celebrara la vista.

Los únicos testigos del accidente eran el conductor del coche y la víctima. En apoyo de su moción el letrado del actor alegaba, que de morir su cliente, no habría posibilidad alguna de probar la responsabilidad del demandado. Este, en cambio, se oponía, alegando que, dado el estado del enfermo, tendría que ser llevado a la Sala en una camilla, y en tal situación declararía. Inevitablemente esto le atraería las simpatías del jurado en perjuicio del demandado, aun cuando el accidente no había sido la causa determinante del terrible mal que le había postrado en tal estado. Y propuso, para evitar esta contingencia, que la declaración del enfermo se prestara en su mismo domicilio y que fuera leída después al jurado, durante el juicio, proposición ésta que impugnó el abogado del actor, aduciendo los argumentos que estimó procedentes para ello.

Mi secretario acompañó a ambos letrados a mi despacho. Cuando los tuve a mi presencia les hice saber que aún no había yo tomado acuerdo alguno respecto a dicha moción. Hice hincapié en las incertidumbres en que habría de debatirse el caso y la especialidad del mismo, exhortándoles al abogado de la víctima, para que se conformara con una cantidad menor de la que pedía, y al abogado contrario, para que consiguiera de la Compañía aseguradora una oferta algo mayor de la que venía haciendo.

Al cabo de una hora y tras repetidas conferencias por teléfono, el asunto estaba resuelto. Ambas partes quedaron satisfechas con el arreglo. Quizás lo que más satisfacción nos produjo, no obstante que carecía de trascendencia legal tal detalle, era que el actor iba a percibir cierta cantidad, que por desgracia, le era necesaria, a fin de poder ir pasando durante los pocos días de vida que le quedaban. Para mí esta transacción constituyó un feliz logro personal.

No faltarán tal vez puritanos, para quienes los esfuerzos encaminados a conseguir una transacción constituyan una de las más estúpidas actividades del juez. No se requiere erudición alguna ni profundos conocimientos; toda la pompa y solemnidad del juicio queda descartada; el juez desciende, de su ebúrnea torre hasta el mismo ruedo en donde se disputa el torneo. Durante la discusión, logra el juez imponerse por su carácter, experiencia y conocimiento. Muchos letrados prefieren dirigirse a los jueces desde la debida distancia..., se encuentran incómodos con tal camaradería. Hay jueces a los que ocurre otro tanto.

Me parece que la amistosa transacción de los litigios constituye una de las más decorosas actividades del Juzgado. Es el empeño más pacífico, y el menos agotador procedimiento para dirimir las discordias. Con anterioridad al juicio celebrado ante un juez y en presencia de un jurado, la historia nos ofrece el combate, en el que sin duda alguna el éxito se hallaba vinculado a la fuerza física. Claro es que al fin de cuentas todo juicio es una lucha, pero no en su sentido físico y material. Implica el litigio una pérdida de tiempo, de energía y de dinero para muchas personas, que corren tras un resultado incierto. Se lastiman sentimientos, se empañan reputaciones, se ganan o pierden fortunas, se aumenta en suma la zozobra y el malestar. Es por todo esto, por lo que aún en nuestro progresivo y moderno sistema de enjuiciar, se da cabida a la transacción, como procedimiento más pacífico que el juicio, para dirimir controversias.

La civilización no puede progresar más aprisa que las normas procesales, que estatuye para fomento y aplicación de las leyes que la rigen. Las primeras semillas de tales normas cayeron a tierra cuando nuestros antepasados advirtieron las desastrosas consecuencias del llamado «juicio de sangre» o «riepto», e idearon los medios para superarlos. Pudo ser el comienzo de tal evolución cualquier imprevisto incidente, verbigracia, el del siguiente apólogo:

Imagina, lector, una escena de caza en los tiempos primitivos. Mog cree haber visto un oso salvaje a través de unos matojos. Arroja su lanza... y atraviesa el pecho a un anciano cuya presencia le había pasado desapercibida. Había matado impensadamente al padre de Gog, un bravo guerrero del clan vecino. Ambos clanes, el de Mog y el de Gog, vivian en pacíficas y aún armoniosas relaciones, uniendo a veces sus guerreros para repeler atrevidas incursiones de un común enemigo.

Mog arrancó la lanza del pecho de su víctima y corrió desalentado al jefe de su clan. El cadáver del anciano pronto fue descubierto y la participación de Mog en su muerte, conocida. Gog juró vengar a su padre y acudió a su jefe en demanda de «riepto» al clan de Mog. Esto equivaldría a un estado de guerra entre ambos clanes. Y era la primera fórmula a que se acudió en la antigüedad, para vengar el daño causado a un miembro de un clan. Una vez que el «juicio de sangre» se iniciaba, miembros de uno y otro clan se acometerían donde quiera que se vieran, y de prolongarse tal estado de cosas, se llegaría a la aniquilación de ambos bandos, a no ser que diezmados los dos, constituyeran fácil presa para cualquiera horda extraña, que los combatiera.

El jefe de Mog envió un mensajero al de Gog, invitándole a conferenciar. Este aceptó. Cada uno de ellos, acompañado de un guerrero, tomó asiento bajo un frondoso árbol, en las cercanías de un bosque. La conferencia tendía a evitar tal desastre.

El jefe de Mog tras halagadoras palabras de introducción, dijo:

—Tu pueblo y el mío durante muchos años han sido amigos. Nosotros nos dedicamos al pastoreo y cultivamos nuestros campos. Nuestros jóvenes han olvidado las escenas de crueldad y caminan animosos por senderos de paz. Es de lamentar que un anciano haya muerto. Pero ni tú ni yo hemos de permitir que se derrame sangre por tal causa.

—¿Qué propones? — preguntó el jefe de Gog.

—Haceros un presente, como expresión de nuestro pesar por la muerte de este desvalido anciano.

—El padre de Gog era el más venerado en mi clan, sabio en sus consejos, fuerte y activo. Lo teníamos en alta estima. Ni se trata de un desvalido ni de un viejo achacoso.

—Era viejo en extremo incapaz de cazar, de cultivar los campos, o de apacentar los rebaños. Mog, además, no es el culpable de su muerte. El viejo saltó detrás de unos matojos, al arrojar aquel la lanza.

—¿Y, cómo puede saltar un hombre viejo y debilitado? Todos conocemos en contraste cuan mal cazador es Mog. Está medio ciego, y es imprudente y descuidado.

—Todo lo contrario. Mog es un perfecto cazador. Sin quererlo, causó la muerte del anciano.

—Puede que no fuera esa su voluntad, pero con esto no lo devuelve a su hijo Gog, que lo amaba tiernamente y se afligió por su muerte.

—¿Qué es lo que puede mitigar el dolor de un hijo por la muerte de un anciano, que solo suponía una carga para él?

—Yo aceptaría cinco cerdos, tres carneros y dos caballos, como compensación por la muerte de un padre, fuerte y sabio, que ha guiado y aconsejado a Gog por todo momento.

—Yo te daré dos cabras.

El jefe de Gog se dispuso a levantarse.

—No tendré otro remedio que acceder a la demanda de Gog.

—Espera, espera. Te daré dos cabras y un carnero.

—Ni hablar. Me retiro.

—Tres cabras, un carnero y un cerdo.

—Cabras ninguna. Tenemos muchas. Te haré una proposición última. Dos cerdos, dos carneros y un caballo.

—Dos cerdos y dos carneros, se te darán.

—Bien. Entrégalos antes de la puesta del sol.

—Así se hará. ¿Y no habrá lucha?

—No la habrá.

He aquí un clásico ejemplo de una transacción en los tiempos primitivos. Sólo indirectamente se pagaban los daños causados por el mal. La transacción presentaba la forma de una compra de la paz, y se pagaba un precio por la renuncia a la venganza que el clan de Gog tomaría sobre el clan de Mog, e incidentalmente sobre él mismo. En los tiempos modernos este precio se paga por ambas partes.

Max Radin, el filósofo-jurista, cuenta esta fantástica anécdota de un Emir de Afganistán, a quien recurrieron dos hombres pidiendo justicia. Ambos alegaban derecho a un campo enclavado entre sus propiedades. Cada uno de ellos proporcionó testimonios y documentos en apoyo de su demanda.

El Emir los oyó sin pronunciar palabra. Cuando acabaron de hablar, preguntó a uno de ellos:

—¿Tú tienes un hijo?

—Sí —contestó el interpelado.

Dirigiéndose al otro, le preguntó:

—¿Y tú tienes una hija?

La contestación fue igualmente afirmativa.

—Entonces —sentenció el Emir—, casad a vuestros hijos y dadles el campo en dote.

Un inglés que estaba presente, en misión oficial, advirtió:

—Pero suponed, Alteza, que los jóvenes no se quieren, ¿qué procedería en tal caso?

—En tal caso —replicó el Emir—, los hubiera colgado a ambos y confiscado sus propiedades.

Radin infiere de aquí el siguiente corolario: De tres diferentes maneras pueden subsumirse en la ley las contradictorias pretensiones de los litigantes. Primero, dando la razón a uno de ellos, en contra del otro. Suele éste ser el resultado normal en todo proceso. Segunda, tal cual el Emir sentenció, esto es, intentando complacer a ambas partes, siquiera sea en menor proporción a como éstas esperaban. Tercera, como el Emir hubiera hecho en la hipótesis de negarse a matrimoniar los hijos de los litigantes que a él acudieron, o lo que es lo mismo, no complaciendo a ninguno de ellos, pero aumentando el erario público. La transacción da satisfacción a ambas partes, si bien se concede a cada una algo menos de lo por las mismas demandado; pero con esto se puede evitar a alguna de ellas amargas consecuencias.

A mi entender, la transacción ideal será aquella en que cada litigante salga de la Sala, en parte complacido por la brevedad con que se consiguió la avenencia, pero no del todo satisfecho con el resultado. Para conseguir esto, precisa el juez una suma de experiencia, conocimientos, tacto, y sobre todo, paciencia.

Los procedimientos prejudiciales (o parajudiciales) son de reciente origen. Su empleo en los Estados Unidos no obstante su rápida difusión, se ha limitado a algunas grandes ciudades, tales como Nueva York, Detroit, Cleveland, Los Ángeles, Boston y Miami. Han adquirido igualmente carta de naturaleza en Inglaterra y Escocia.

Existe cierta tendencia a rechazar toda transacción efectuada durante la práctica de tales diligencias so pretexto de su carácter accesorio. Pero bajo un punto de vista práctico esto casa mal con el hecho de que en algunos Juzgados, tres al menos, de cada cuatro casos, se resuelven, mediante tales procedimientos. La transacción implica algo más que una reducción del tiempo invertido en el juicio... lo evita. Evita también multitud de mociones, que de celebrarse el juicio, seguramente se producirían. E indirectamente facilita también la consecución de un más amplio objetivo, cual es, una más concienzuda dedicación a los casos no transigidos, al concentrarse la atención del juez en un más reducido número de asuntos.

Arthur T. Vanderbilt, Juez Decano en la Corte Suprema, de Nueva Jersey, ha escrito: «La característica de la transacción estriba, en que en ella cada una de las partes enfoca por vez primera su pretensión en perspectiva de la del adversario. Nuestros jueces no se aprovechan de estas diligencias prejudiciales, para imponer a las partes la transacción. Los respectivos letrados, cara a los hechos, son los que con ilustrado criterio, se deciden o no a transigir».

Una diligencia de tipo prejudicial en la Corte Suprema de Nueva York, se desenvolvería al tenor siguiente:

El juez toma asiento tras una mesa pequeña, de superficie plana, en una reducida sala, entre gris y amarillenta (la misma que hace de vestuario), anexa a la de audiencia. Viste traje de calle, no la suntuosa toga. Se anuncia en el exterior de la Sala-audiencia, en donde aguardan los letrados su turno, el orden de los casos que están señalados. En el distrito de Nueva York, dichos señalamientos se publican cada día, pero dos semanas antes del en que haya de debatirse el asunto. Puede suceder que un día se hayan señalado de veinte a cuarenta asuntos.

El letrado que se encarga de un caso de muerte por accidente de circulación, y el defensor del autor del atropello son introducidos a presencia del juez, tomando asiento en la otra parte de la mesa, de frente al juez.

El juez.- ¿Serán tan amables los letrados de exponer su caso, en pocas palabras?

Abogado del actor.- La víctima cruzaba la Avenida Madison, por la calle 48, cuando un automóvil conducido por el demandado a una velocidad excesiva, lo atropelló. Dio al caer con la cabeza en el suelo, produciéndose fractura de cráneo y murió en el Hospital al siguiente día. La luz reguladora del tráfico señalaba entonces paso libre a los peatones.

Juez.- ¿Qué edad tenía la víctima?

Abogado del actor.- No era muy joven.

Juez.- ¿Qué edad tenía?

Abogado del actor.- Unos sesenta años.

Abogado del demandado.- Tenía setenta y dos años, de acuerdo con el Registro del Hospital.

Juez.- ¿Trabajaba?

Abogado del actor.- Se ocupaba en llevar los libros de contabilidad de un pequeño negocio que tiene un hijo suyo. El difunto por muchos años se había dedicado a negocios de la misma clase, y el hijo tenía en gran estima las orientaciones de su padre a tal respecto.

Abogado del demandado.- Nosotros hemos comprobado que hacía muchos años que no trabajaba la víctima, juez. Vivía con su hijo, quien lo mantenía. Tal vez el hijo pusiera en la nómina al anciano, en vista a escamotear algunos impuestos al tío Sam.

Juez.- ¿Deja algún otro familiar?

Abogado del actor.- Otro hijo, que es médico.

Juez.- ¿Contribuían los hijos al sustento de su padre?

Abogado del actor.- No, juez. El anciano ganaba un modesto salario, y gustaba de vivir independiente.

Juez.- ¿No contribuiría él a la manutención de sus hijos?

Abogado del actor (de mala gana).- Naturalmente, juez. Pero él cuidaba de la casa y del negocio.

La explicación de esta clase de investigación estriba en que en los casos de muerte por accidente, los deudos de la víctima no perciben sino lo que se conoce con el nombre de quebranto económico. No se señala indemnización alguna en orden a los sentimientos o daños emocionales.

Está claro que en el presente caso la medida de los daños materiales era muy baja, desde el momento en que el difunto había representado para sus hijos, más que un beneficio, una carga, bajo el punto de vista económico. Convencido, pues, que de triunfar la parte actora, el veredicto del jurado señalaría una módica suma, como indemnización, procuraría el juez cerciorarse de si efectivamente recaía en el autor del atropello la responsabilidad del mismo.

Juez (dirigiéndose al letrado del demandado).- ¿Qué opina usted acerca de la responsabilidad de su patrocinado?

Abogado del demandado.- Que no le alcanza ninguna. El anciano salió apresuradamente por detrás de un coche aparcado. Nada fue posible hacer para evitar el atropello.

Abogado del actor.- ¿Pero, cómo podía salir apresuradamente un anciano de setenta y dos años?

Juez.- ¿En qué parte del cruce de la calle 48 tuvo lugar el accidente?

Abogado del actor.- Justamente a muy corta distancia de dicho cruce.

Abogado del demandado.- ¡A corta distancia! El atropello tuvo lugar en la mitad de la manzana. Aquí hay una copia del informe de la policía, que lo dice.

Abogado del actor.- El guardia no presenció el atropello.

Abogado del demandado.- Pero llegó antes de que lo hiciera la ambulancia, cuando aún la víctima se hallaba en el suelo.

Juez.- ¿Tendremos que concluir que existe agria oposición en lo que al aspecto de responsabilidad se refiere?

Abogado del demandado.- Cierto. ¿Quién puede prever lo que decidirá el jurado?

Juez (al abogado del actor).- ¿Qué pide usted para arreglar este caso?

Abogado del actor.- Preferiría oír lo que ofrece el compañero.

Juez.- Es costumbre que el actor diga primero cuánto pide.

Abogado del actor.- Conforme, juez. Nos contentamos con 10.000 dólares.

Juez.- ¿Cuánto cree usted que un veredicto le concedería?

Abogado del actor.- 15.000 o 20.000 dólares.

Juez. .- No creo que hubiera juez que dejara pasar un veredicto, señalando tal cantidad.

Abogado del actor.-¿Es excesiva la cifra que pido, juez?

Juez.- Tal vez. Además usted no tiene en cuenta la posibilidad de que el jurado dicte un veredicto favorable a la parte contraria.

Abogado del actor.- ¿En cuánto estima usted la indemnización?

Juez.- Yo prefiero no indicar cantidad alguna, por ahora. (Dirigiéndose al letrado del demandado.) ¿Hace usted una oferta?

Abogado del demandado.- Mi Compañía me ha autorizado a llegar hasta 750 dólares, cifra tope.

La defensa estaba representaba por un abogado de la Compañía en que el demandado se hallaba asegurado. Este letrado indicó que él ofrecía la cifra máxima que se le había señalado en el Departamento de Reclamaciones, en vez de empezar ofreciendo una menor cantidad.

Juez.- Demasiado poco. Sus compañeros han señalado tan insignificante cantidad, que yo me veo precisado a coger al toro por los cuernos y sugerir una cifra. Pienso que este caso con 2.000 o 2.500 dólares pudiera quedar zanjado.

Abogado del actor.- Juez, eso es muy poco. Qué dirían mis clientes.

Juez.- Queda usted en plena libertad para admitir o rechazar tal arreglo. ¿Dejamos el asunto para juicio?

Si un asunto es dejado para juicio, se inscribe en el registro en espera de turno. Si es transigido, se borra, y queda fuera de la jurisdicción del Juzgado.

Nuestra experiencia es que un cincuenta por ciento de los casos se transigen en estas conferencias prejudiciales. El resto se señalan para juicio, y en el intervalo, muchos también son transigidos. Los demás de ordinario son juzgados y fallados.

Abogado del actor.-¿La Compañía de Seguros pagará 2.500 dólares? ¡Demasiado poco!

Abogado del demandado.-¿Los acepta usted?

Abogado del actor.- He de contar con mis clientes.

Abogado del demandado.- La cantidad máxima que se me ha autorizado a ofrecer son 750 dólares, e ignoro si me será dado conseguir un centavo más. De modo que para discutir yo la cifra con el Departamento de Reclamaciones necesito saber de antemano la cantidad que ustedes están dispuestos a aceptar.

Abogado del actor (vacilando).- Muy bien, nos contentamos con 2.500 dólares. Tengo fe en el criterio del juez.

El letrado del demandado sale de la Sala para telefonear al Departamento de Reclamaciones de su Compañía, y regresa a los pocos minutos.

Abogado del demandado.- He hablado con Jim Frisbie, nuestro jefe. Dice que aprecia en lo que vale la palabra del juez, y en atención a ella, aún contra su voluntad, llegará a los 2.000 dólares. Pero que si en todo el día de hoy no es aceptada esta cantidad, queda retirada la oferta.

Juez.-¿Es lo máximo que ha conseguido usted, Joe?

Abogado del demandado.- Lo máximo, juez. Usted sabe que yo no diría a usted otra cosa.

Juez.- Lo sé, Joe. (Al abogado del actor.) Según eso, 2.000 dólares es lo más que puede usted obtener.

Abogado del actor.- ¿Qué piensa usted, juez? Usted tiene mucha experiencia.

Juez.- Se trata de una oferta aceptable. En el juicio conseguiría usted más, o tal vez menos. Pero esta oferta no está mal.

Abogado del actor.- Muy bien. Acepto dicha suma. Supongo que puedo decir esto a mis clientes.

Este asunto se transigió, por temor al veredicto del jurado. El caso de Gog se transigió, por miedo al juicio de sangre. Siempre es el temor a algo lo que induce a las partes a transigir.

Si los puntos de vista de los litigantes son totalmente antagónicos, deberá el juez hablar con ellos separadamente, pero conociendo a fondo las pretensiones de las dos partes. Cada abogado le expondrá confidencial y por separado en cuánto cifran la oferta y la demanda, para llegar a una avenencia. Si existe alguna posibilidad de salvar el abismo que los separa, el juez resumirá las negociaciones; caso contrario, devolverá el caso para juicio.

En lo que nuestros jueces muestran mayor reserva, restringiendo prudentemente su actuación, es en lo referente a su intervención en materia de transacciones. Conocida la diversidad de puntos de vista existentes entre quienes solicitan la tutela de los Tribunales, débese evitar con suma escrupulosidad toda actitud que pudiera interpretarse ni aún siquiera remotamente, como coacción o como imposición de criterio. De aquí, que por las mismas obvias razones han de abstenerse de recurrir a métodos que signifiquen adulación o halago, para mejor obtener de los letrados que transijan sus diferencias.

No debe el juez intervenir en la transacción de un caso, en el que ande envuelto el honor o el prestigio personal de cualquiera de las partes. Si al demandado, pongamos como ejemplo, se le acusa de fraude en una operación comercial, no puede buscarse que se declare culpable, a cambio de que el letrado de la acusación pague una suma de dinero, cualquiera que sea su cuantía.

* * *

Los casos que más se prestan a esta clase de arreglos, son los originados por accidentes, también llamados casos de negligencia o daño personal. Casi invariablemente los demandados están siempre defendidos por Compañías de Seguros. Ningún abogado se arriesgaría a hacer los dispendios exigidos en el ejercicio de una acción contra una persona que no estuviera asegurada. Ellos juzgan astutamente que personas tales no serían buenas para un litigio. Hoy día es raro que una persona de buena posición conduzca un automóvil, a menos que haya suscrito una póliza de seguro, que cubra su responsabilidad, por lo que pudiera suceder.

La mayoría de los casos de accidente caen dentro de tipos convencionales. Catalogados, pues, los tipos comunes de accidentes, se los designa con palabras clave que constituyen una especie de estenografía para los iniciados.

Y así, si un peatón es atropellado por un automóvil, el procedimiento judicial a seguir, lo denominan «un caso de knock-down». Si al desprenderse una parte de techo hiere en la cabeza a la señora del piso, ella plantea un «caso de ceiling» contra el propietario. Un «caso de stairs» resulta por resbalar alguno y caer por unas escaleras, sea debido al desgaste o ruptura de los peldaños o a haber pisado una cáscara de fruta o a algo parecido. Un «caso de foreign substance», cuando se ingieren alimentos que contienen ingredientes tóxicos. Se llama «de side- walk», el caso consistente en que un peatón tropiece, por existir un hoyo en la acera, o una losa rota; y un «caso de snow y ice» indica claramente la causa de la caída del reclamante. Un «caso windshield» que ocurre con más frecuencia de lo que generalmente se piensa, tiene lugar cuando la violencia de un choque o de una parada súbita impele al ocupante de un vehículo hacia adelante, de forma que golpea con su cabeza el parabrisas, o bien en un taxi, al originarse la ruptura de cristales. Un «caso de blind» se origina cuando no se ha notificado a tiempo el accidente a la agencia encargada de la defensa (generalmente una Compañía de Seguros o de Transporte).

XIV.
LA JORNADA DE UN JUEZ

Salí de casa esta mañana a las ocho y cuarto. Tal es mi costumbre. Anduve tres manzanas para alcanzar la estación del ferrocarril elevado de la 3.ª Avenida, en la Calle 84. Durante muchos años lo vengo utilizando hasta la estación de Chatham Square, que dista muy poco de la Corte Suprema. Hubo un tiempo que utilicé el metro para ganar cinco o diez minutos. Pero los coches del metropolitano por lo general van sobrecargados de público a aquella hora y en vista de ello he decidido sacrificar unos minutos a cambio de mayor comodidad, y aún por miramiento. El ferrocarril elevado de ordinario, deja en la estación de la calle 59 más pasajeros que toma, y ello hace posible que desde allí se pueda cambiar la anilla por un asiento.

Llego a mis dependencias minutos antes de las nueve. A ellas conduce una oficina en donde trabaja mi ordenanza personal. Tiene ésta una puerta que da al corredor, y que permanece abierta durante las horas de trabajo. Todos los asuntos pasan a través de esta oficina. El ordenanza conecta todas las llamadas telefónicas o con mi secretario o a mi despacho. Está a cargo de este subalterno el registro de señalamientos, y. a medida que se presentan las personas por mí convocadas para alguna conferencia, las conduce a mi presencia. Atiende por último este diligente empleado los innumerables encargos que diariamente se cursan... entrega de expedientes, de dictámenes, de textos de derecho, y otras muchas tareas análogas.

Otra puerta de la mencionada oficina conduce a mi despacho particular. Consiste este en un amplio salón, que contiene mi mesa de trabajo, otra para conferencias, un canapé y varias sillas. A otro costado de mi despacho se encuentra el de mi secretario, de modo que me encuentro flanqueado por éste y por mi ordenanza personal. Mi secretario, que es abogado, me presta valiosa ayuda, encargándose entre otras cosas de preparar la mayor parte de mis señalamientos. Sostiene preliminares conversaciones con cuantos letrados intentan verme, y procura resolver por sí los asuntos que se le exponen, ahorrándome con ello un tiempo precioso. Se ocupa en preparar y tener a punto citas y textos legales, en relación con los asuntos sometidos a mi decisión.

Los diferentes juzgados empiezan su tarea a las diez. En el espacio de una hora, tiempo que poco más o menos permanezco en mi despacho antes de las vistas, ordeno y dejo lista mi correspondencia y echo una ojeada a la Revista Jurídica. Hay ocasiones en que celebro también alguna que otra conferencia.

La correspondencia atañe casi exclusivamente a cuestiones jurídicas. Es copiosísima durante cuatro meses del año, a saber, durante los dos meses que actúo en el Departamento de Mociones, y el que sigue a cada uno de ellos. Es agobiante en todo ese tiempo la cantidad de peticiones que afluyen a mi mesa, relativas, unas a mociones oponiéndose a la concesión de prórroga de los plazos para presentar documentos, otras aún cuando revisten la forma de cartas, consisten en verdaderos escritos, más o menos extensos, que no debieran adoptar aquella forma.

Este mes, de septiembre, es el j>eríodo de pruebas o vistas. Como quiera que ha transcurrido algún tiempo desde que. actué en el Departamento de Mociones, mi correspondencia ha disminuido bastante: Un abogado, que desea rescindir una transacción e inscribir nuevamente su caso en el Diario-Registro de vistas, por haberlo pensado mejor su cliente y no encontrar aceptable la oferta hecha por el demandado. Una esposa a quien su marido ha dejado de pasarle la pensión alimenticia que yo había decretado le pagara. Su abogado se ha cansado de actuar gratis et amore y ella carece de recursos económicos suficientes para sufragar los servicios de un sustituto, ¿qué hará para obligar a su esposo a pagarle? Recibo también una invitación de la Asociación de Abogados, para participar en una conferencia sobre temas de derecho.

Cambié impresiones sobre todo ello con mi secretario, al que di las instrucciones oportunas acerca del particular; después leí la Revista de Derecho, de Nueva York, periódico oficial de la Asociación de Abogados de esta ciudad, que se publica cinco días por semana. Su lectura es de interés para jueces y abogados. Contiene noticias breves, anuncios de sucesos que atañen a la profesión, decisiones recientes de los Tribunales, y cuantas resoluciones y dictámenes emitió el día antes la Corte Suprema del Estado. Dedico media o una hora a la lectura de cuanto allí encuentro de importancia para mí, v muchas veces la reanudo en casa, o asido a la anilla del ferrocarril, de regreso al hogar.

Esta mañana he dejado la lectura a las nueve y media. El ordenanza introdujo en mi despacho varios letrados, que preguntaban acerca de unos señalamientos hechos la tarde anterior. Se trataba de un negocio de corretaje. Al suspender la vista, a las cuatro y treinta del día antes, invité a los defensores de las partes a que me visitaran al día siguiente, en mi despacho o en el vestuario, anexo a la Sala- audiencia. Allí veríamos de conseguir una transacción.

Había yo sugerido como base para el arreglo la cantidad de cinco mil dólares, estimándola aceptable ambas partes. Accedieron a ella los letrados, si bien el de la parte actora señaló una pega. Tratábase de que su cliente había trabajado últimamente con un socio, con el que había de partir tal cantidad. Y este socio no estaba presente.

Hubimos, en vista de ello, de suspender la reunión hasta el día próximo, a las nueve y media, en mi despacho. Había prometido el letrado del demandante hablar con el referido socio, y esta mañana todos ellos se hallaban en mi presencia. Se hizo un débil esfuerzo para obtener una oferta mayor, pero el demandado se mantuvo firme. Tras una breve discusión, el socio capituló y el caso quedó transigido. En las conversaciones de esta mañana, apenas si tomé parte.

Nos dirigimos seguidamente a la Sala-audiencia. El jurado del día anterior había sido relevado, tras la acción de gracias protocolaria del Juzgado, y otros miembros habían de seleccionarse para entender en el caso, que precisamente acababa de transigirse.

El actor, fabricante de aparatos de televisión, dedujo demanda contra su adversario, por negligencia por parte de éste en construir ciertas piezas esenciales de acuerdo a lo entre ellos concretado.

Una media hora transcurrió en elegir el jurado.

A la una menos cuarto, después de que el letrado contrario había expuesto sus alegaciones al jurado, y de haberse conseguido cierta eVidencia con respecto al particular, suspendí la sesión hasta las dos.

Estiman muchos jueces que una suspensión tan corta origina a los letrados enormes molestias. Antes de abandonar la Sala el abogado ha de poner en orden sus papeles, calmar a los testigos impacientes, dar las instrucciones oportunas en vista a las declaraciones de la tarde, llamar a su bufete, para enterarse de las novedades de la mañana, y dar las instrucciones precisas a su secretario.

A menudo debe telefonear a algún que otro cliente, que espera ciertas noticias... y tras practicar toda esta tarea, engullir sin reposo la comida, para comparecer a la hora justa a la sesión de la tarde.

Y muchos de los miembros del jurado se hallan en situación parecida. Al juez mismo le viene tasado el tiempo. Le esperan a menudo en su despacho, tras la sesión de la mañana numerosos asuntos. Puede que le aguarde un abogado para hablarle de alguna situación que se ha presentado impensadamente. Puede que el secretario le entregue una lista de llamadas telefónicas, oficiales unas, particulares otras. De éstas pueden quedar algunas pendientes para la tarde, mientras que. las hay que requieren inmediata contestación.

El lugar y la compañía que ha de escoger el juez, para su comida es también un problema. Hasta hace unos pocos años, los jueces de este distrito disponíamos de una cantina en el mismo edificio de la Corte Suprema. Mas el precio cada día más crecido de los alimentos y la disminución de ayuda, obligaron al cantinero a abandonar un negocio tan poco lucrativo. Actualmente los jueces comemos en los restaurantes de las inmediaciones o en nuestros mismos departamentos.

En ocasiones se encuentra el juez en situación embarazosa, al entrar en el comedor del restaurante, cuando no se cuenta de antemano con un compañero de mesa. Hay quien se cree obligado a 11amar su atención: «¿Está usted solo, juez? ¿Por qué no se sienta con nosotros?»

«Nosotros» puede incluir alguna persona a quien el juez no conoce. Puede incluso que sea solicitado para sentarse al lado de alguna persona de dudosa reputación. Entré una vez acompañado de un compañero, y mientras esperábamos que se nos preparara la mesa, fuimos invitados a sentarnos con otras personas que ya estaban comiendo.

—¿Cuál de ellos es su amigo? — me dirigí a mi colega, tras de haber rechazado cortesmente la invitación.

—Lo ignoro, pensé por el contrario que se trataba de algún amigo de usted — replicó.

Ha de cuidar el juez de las exterioridades. Y ello, no sólo por defender la propia reputación, sino también a fin de mantener la confianza pública en la integridad de la justicia, de la que es él tan destacado representante.

Muchos jueces comen en su propio departamento, cuando no tienen señalamientos. Encargan un emparedado y café, o bien hacen ellos mismos café o té. No quiere decir con esto que sea el procedimiento más apto para encontrar descanso. Apenas ha dado fin a su sandwich, cuando inicia la consulta de textos, a fin de resolver cualquier intrincada cuestión que surgió durante la mañana.

Hoy había convenido encontrarme con dos colegas en un restaurante cercano. A causa de los asuntos a que habíamos de atender, tras la suspensión de la sesión de la mañana, ninguno de los tres pudimos llegar antes de la una. Yo había hecho diversas llamadas telefónicas, personales y oficiales. Mi secretario me había hablado de varias cuestiones pendientes. Eran próximo a las dos cuando acabamos nuestro yantar, y conversamos un poco sobre nuestros respectivos casos. Hubimos de regresar apresuradamente a abrir la sesión de la tarde, a la hora de antemano señalada.

Como norma, celebro sesión por las tardes hasta las cuatro y media. Dedico pues cinco horas y media cada día, a las vistas. Es demasiado para el letrado en particular, pero no lo es menos para los jueces y jurados. En las últimas horas, los abogados se sienten cansados e irritables en extremo, y el jurado apenas presta atención.

Después de la sesión de la tarde, tuve una entrevista en mi despacho con el compromisario y abogado de un caso de hipoteca sobre un enorme edificio de Manhattan. Nos ocupó hasta las seis, y se consiguió en principio algún éxito.

Me encerré entonces en la Biblioteca para estudiar algunas doctrinas sobre daños, que en la sesión se habían citado. Consulté al respecto algunos textos y resoluciones de la Corte Federal, que en modo alguno podía hallar en mi modesta biblioteca particular.

Sobre las siete y veinte abandoné el Palacio de la Corte Suprema, y tomé el metro para casa. A aquella hora no viaja tanto personal como por la mañana y el regreso lo hice más aprisa que en el ferrocarril elevado.

De sobremesa, sostuve, terminada la cena, una breve conversación con mi esposa sobre asuntos domésticos, y dediqué después una hora a preparar la minuta relativa a la labor del próximo día. Aún cuando no era probable que el caso señalado quedara liquidado en las cinco horas y media que duraría la vista, quería estar preparado para el supuesto de que la defensa fuera corta. Pero hube de interrumpir mi tarea, al anunciarme la visita de dos viejos y buenos amigos. Durante el período de juicios, procuramos en casa restringir nuestros compromisos sociales, limitándolos a los viernes y sábados por la noche.

Como colofón de tan ajetreada jornada, leí en la cama unas cuantas páginas de un erudito artículo, aparecido en una Revista de Derecho. Esto, según tengo experimentado constituye el mejor soporífero, de modo que pronto apagué la lámpara y concilié el sueño.

***

Esta mañana me he dedicado a la consabida e ingrata tarea de devolver obsequios de Navidad, y de devolverlos de modo que ello implique la menor ofensa posible para los donantes. Desde que soy juez, vengo aceptando regalos sólo de aquellas personas con las que tenía costumbre de intercambiarlos antes de mi ingreso en la judicatura.. He rechazado obsequios de abogados, de compañías inmobiliarias, de personas empeñadas en contiendas pendientes en mi Juzgado, etc., y he procurado hacerlo con toda delicadeza, pero con la mayor firmeza posible.

Consecuencia de esta práctica ha sido que de año en año ha disminuido sensiblemente el número de regalos de Navidad. Pero esta mañana me he visto obligado a devolver dos paquetes, llegados a casa el día anterior. Contenía uno de ellos una docena de corbatas Sulka, y me fué enviado por el Presidente de una importante Compañía; tratábase el otro, de una caja de licores, de un eminente y prestigioso abogado.

A ambos los conocía lo suficiente, como para llamarlos por su nombre de pila. En una ocasión había designado a uno de los vicepresidentes de dicha Compañía, perito, sencillamente porque a mi entender tratábase de la persona más experta en la materia en todo el área de Manhattan. Había también designado como árbitro al letrado, y ello sin presión de clase alguna, por considerarlo un hombre honesto y capacitado.

Ni uno ni otro se habían desviado sensiblemente de la costumbre general en los negocios al enviarme tales presentes. Conozco, como hombre experimentado, que estas relaciones de obsequios, con motivo de las fiestas navideñas, se hacen no sólo como expresión de agradecimiento por los favores recibidos, sino también, y esto es lo más probable, en previsión de futuras consideraciones. No obstante, tanto en uno como en otro caso, constaba a los donantes que la designa se había hecho en atención a las cualidades excepcionales que en sus respectivas esferas eran de apreciar.

Ni con el Presidente de la Compañía ni con el abogado me unía una amistad íntima, que autorizara semejantes atenciones. Se trataba en los dos casos de una felicitación unilateral. Estoy seguro, de que si yo hubiera aceptado ambos regalos y en correspondencia les hubiera a cada uno de ellos enviado un obsequio, no hubieran salido de su asombro.

Les escribí excusándome por la devolución de sus delicados presentes, y expresándoles no obstante mi reconocimiento... Mi esposa misma llevaría las corbatas a Sulka, y en cuanto a los licores, rogué al letrado que enviara a recogerlos.

Dictadas estas cartas, me enfrasqué de nuevo en los asuntos jurídicos. Actuaba en un Departamento de Mociones, Período especial, Departamento III. Se tramitan allí Mociones relativas a juicios sumarios, embargos preventivos, mociones dirigidas a las defensas, y otras especiales de más dificultad y complicación.

La mayor parte de estas mociones suelen presentarlas las partes sin razonamientos. El juez resuelve sobre ellas, a la vista de los documentos que las acompañan. Esto sucede principalmente en este distrito en que las mociones son tantas que seria punto menos que imposible oir argumentaciones sobre todas ellas.

De estas mociones que son argüidas, yo deduzco valiosas consecuencias en la mayor parte de los casos. Ayudan, en efecto, a descartar de la consideración todos aque'llos extremos que los letrados alegaron en sus escritos, en un exceso de precaución, pero en. los que ni aún ellos mismos creen. Durante sus alegaciones orales, a menudo se ven forzados a abandonar tales puntos de vista.

La exposición oral de los hechos alegados, facilita a menudo al juez una mejor captación de las consecuencias, que la que podría proporcionarle la lectura de documentos. En las alegaciones orales, los letrados discuten la conducta y las relaciones de las partes de una manera más ágil y clara de como lo harían en un escrito. Por ejemplo, mientras que oía esta mañana unas alegaciones relativas a una moción para un juicio sumario, en una operación de compra de una gran remesa- de tejidos, advertí que ambos abogados, con gran habilidad daban de lado a la segunda de las dos conferencias que sus respectivos clientes habían sostenido. Desde que esta segunda conversación había tenido lugar, tras haber sido fijados los plazos en una entrevista previa de las partes, y después de que se había dado la orden y la facturación habíase hecho, no llegaba yo a comprender el propósito de los contendientes. La astucia con que el letrado había eludido la menor insinuación sobre esta segunda entrevista, despertó mis recelos. Unas pocas preguntas mías, y las sospechas quedaron confirmadas. Se trataba de una operación del mercado negro, y la segunda entrevista celebrada lo fué para hacer un pago clandestino... pero al contado.

Si el letrado tiene la habilidad de empezar su informe con un sencillo y claro relato de los hechos y de sus consecuencias, será su alegación de enorme utilidad para el juez. Mas con harta frecuencia los- abogados se ofuscan de manera tal que desaprovechan la perspectiva de hacer tal exposición con la debida claridad. O son excesivamente concisos o prolijos en exceso, pero en uno u otro caso, tan desordenados en sus razonamientos, que apenas el juez puede comprenderlos. El argumento legal deviene entonces un infructuoso debate sobre conocidos preceptos de derecho en «el vacío», porque el juez no se ha formado un concepto cabal acerca de los hechos que en tales normas de derecho han de subsumirse.

Difícilmente puede el juez echar un cable al letrado, que de tal manera se atasca en su propio razonamiento. Si se les hace alguna observación, vacila el letrado y se extiende en mayores divagaciones, pero hundiéndose aún más profundamente. Si el juez es cortés, se armará de paciencia y oirá en silencio un discurso ininteligible en orden a las conclusiones. Si por el contrario se impacienta, cortará en seco al letrado y le pedirá entregue los documentos.

Hay sin embargo conclusiones que no pueden percibirse a primera vista, clara y sucintamente, muy en particular, si se requiere el estudio e interpretación de contratos y documentos. Las cláusulas dudosas son más fáciles de entender, al leerse, que no citadas en el curso de una alegación oral. Dado que yo captaba mejor el sentido de las mismas, a través de la lectura de la palabra escrita que por medio de la comunicación oral, pensé que tal vez mi caso sería único. Lo comenté con muchos de mis compañeros, y varios encontraron consuelo al enterarse que no eran ellos solos quienes experimentaban tales dificultades.

Me imagino que la insistencia de muchos abogados en expresar oralmente sus argumentos obedece al temor de que el juez no lea sus escritos. Me apresuro a asegurarles que es infundado su temor, y que estimamos sobremanera los escritos razonados y luminosos. Como sucede con otros documentos, cuanto más sucinto y menos difuso sea el escrito, tanto ma yor serán la atención y el sostenido interés con que se lee.

Todo me hacía recordar en este mes de diciembre que el año estaba tocando a su fin. Ordinariamente a fines de este mes, el juzgado, como todas las demás empresas, se supedita a la imposición de las fiestas. Pero una gran parte de los asuntos del juzgado presentan también la impronta del fin de año. Las corporaciones emprenden ciertos cambios. Litigantes y abogados se apresuran a conseguir ciertos pagos dentro del año fiscal.

Y así ha pasado un año más: otro año de cumplimiento en un servicio público. Como en cualquiera otra ocupación, un año en el que se han conseguido éxitos y fracasos, y experimentado satisfacciones y frustraciones. Yo no puedo imaginar ninguna otra profesión, en la que los éxitos satisfagan tanto, y los fracasos causen tanta depresión.

XV.
CRÍTICA DE LA FUNCIÓN JUDICIAL

A medida que se suceden los años, aumenta el archivo de mis resoluciones y dictámenes sobre toda clase de materias de derecho común, y aún sobre casos no comprendidos en el Common law. Tal aumento ha sido gráficamente ilustrado en una reciente representación basada en la vida del juez Holmes, «The Magnificent Yankee». Todas las escenas tienen lugar en el despacho del protagonista, y sólo un cambio se hace en la decoración. Cada vez que el telón cae entre dos escenas (y con ello se da a entender el transcurso del tiempo), más anaqueles aparecen en la biblioteca donde se conservan los dictámenes de la Corte Suprema de los Estados Unidos. Revela ello la perenne e indestructible evidencia del progreso o decadencia de un juez.

Tal como he expuesto anteriormente, en estos últimos diez años de mi vida, he experimentado que en muchos de sus aspectos este cargo no es tal cual yo me había imaginado antes de mi nombramiento. Pensé que dispondría de tiempo para hacer algo, leer por ejemplo, de lo que durante los años que ejercí la abogacía me estaba vedado, por falta de sosiego. Y ahora encuentro menor posibilidad para ello, a no ser que se trate de temas de derecho, que era precisamente lo que antes constituía para mí el pan nuestro de cada dia. Como operario de la ley, he de tener siemjire prestas las herramientas de trabajo, a fin de emprender un más vasto volumen de tareas, que las que antes distraían mi atención, en la defensa de mis clientes. Ello requiere la continua lectura de revistas de derecho, de artículos, y textos legales, aparte del trabajo que supone el estudio de los escritos de los letrados y la actividad requerida en el ordenamiento y disposición de los casos específicos del Juzgado.

Soy, no obstante, incapaz de regular ciertos aspectos mecánicos de mi vida, de mejor forma a como con anterioridad los había ordenado. No me agobian, claro es, prisas ni violencias. Sólo en ocasiones un juez ha de trabajar apresuradamente: una decisión que hay necesidad de adoptar con rapidez, un problema nuevo, que requiere estudiarlo durante la noche, al objeto de estar en condiciones de hacer al siguiente día al jurado la oportuna recomendación. La tensión de vida, es sin embargo más parecida a la vida en un Claustro Universitario, que a la de un mercado. No existe el cliente con pretensiones a menudo absurdas e impertinentes. Ni jueces, jefes de negociado o miembros del jurado a los que hay que fingir buena cara, ya que de los mismos depende con frecuencia el buen nombre y reptitación de un letrado.

El standard de éxitos en el orden jurídico es obra de uno mismo: depende sobremanera de la conciencia y de la actitud del propio Juez. Y depara ello una enseñanza completa, una asimilación de la vida v una atmósfera de concentración no fácilmente conseguidas por los bisoños. La esfera de un juez abarca el más vasto stock de pericia y conocimientos, conocimientos y pericia raramente conseguidos en ninguna otra profesión.

No está exento el juez de problemas de orden crematístico, pero de muy diferente manera a como agobian tales problemas al letrado. Los ingresos del juez son seguros, mientras que un letrado, si bien puede obtener en un solo asunto una cantidad suficiente para pasar todo el año, de ordinario vive preocupado por la inseguridad de sus ingresos, en tanto que sus gastos no admiten demora.

Es por esto por lo que muy pocos jueces abandonan su cargo, a no ser que se les jubile por razón de la edad, o que se les despoje de él por voluntad del cuerpo electoral. Es nuestra tarea por lo general más interesante que árdua, excitante a menudo, y nos brinda un continuo contacto con la gente y con las ideas. Al menos para mí, es esto de vital importanr cia, en la medida en que contribuye a la formación de nuestra estructura vital.

John Dewey ha escrito:

«Cuando un individuo pasa de una a otra situación, este mundo (su ambiente) se ensancha o se contrae... El conocimiento o pericia que se adquiere en una determinada esfera, se convierte en instrumento de comprensión y eficacia, respecto a situaciones posteriores. El proceso es de tan amplio desarrollo como la vida, y el aprendizaje continúa...; cada experiencia que se adquiere, servirá para allanar el camino a ulteriores experiencias de mucha más profunda y amplia calidad. Este es el verdadero significado de progreso, continuidad y reconstrucción de la experiencia».

Mi niñez y mis experiencias postuniversitarias facilitaron mi labor en el Juzgado; pero el desenvolvimiento, el progreso continuó después en la judicatura y seguirá inexorablemente, a menos que yo «mé duerma sobre los laureles». Cada experiencia judicial, y esta es la conclusión a que he llegado, no es sólo un jalón en la perspectiva de futuros progresos, sino más bien la luz que horada una nube, que había hasta ahora ocultado los cielos infinitos.

El Juez de Primera Instancia. Memorias de un Juez
de Bernard Botein, se terminó de imprimir
en la República Argentina, en febrero de 2018

www.ingramcontent.com/pod-product-compliance
Lightning Source LLC
LaVergne TN
LVHW082239051026
849532LV00012B/4048
* 9 7 8 9 5 6 3 9 2 1 0 1 4 *